Newgotiation 4.10

AUMENTANDO SEUS LUCROS
COM CONFLITOS POSITIVOS

Dr. YANN DUZERT
Professor, consultor e criador
do método Newgotiation

Dr. HAROLDO MONTEIRO
Executivo em grandes
empresas e professor

Dr. MARCOS CAIADO
Empresário, professor e
especialista em governança

Dr. MURILLO DIAS
Professor e autor de diversos
livros sobre negociação

Newgotiation 4.10

AUMENTANDO SEUS LUCROS COM CONFLITOS POSITIVOS

Lidere e resolva conflitos com
técnicas de negociação empresarial

ALTA BOOKS
GRUPO EDITORIAL
Rio de Janeiro, 2023

Newgotiation 4.10

Copyright © 2023 da Starlin Alta Editora e Consultoria Eireli.
ISBN: 978-85-508-1900-6

Impresso no Brasil — 1ª Edição, 2023 — Edição revisada conforme o Acordo Ortográfico da Língua Portuguesa de 2009.

Dados Internacionais de Catalogação na Publicação (CIP) de acordo com ISBD

N547   Newgotiation 4.10: aumentando seus lucros com conflitos positivos / Yann Duzert...[et al.]. – Rio de Janeiro : Alta Books, 2023.
304 p. : il. ; 16cm x 23cm.

Inclui índice.
ISBN: 978-85-508-1900-6

1. Administração. 2. Gestão. 3. Negociação. I. Duzert, Yann. II. Silva Filho, Haroldo Monteiro da. III. Caiado, Marcos Andre dos Santos. IV. Dias, Murilo de Oliveira. V. Título.

2023-1349
CDD 658.401
CDU 658.011.2

Elaborado por Odilio Hilario Moreira Junior - CRB-8/9949

Índice para catálogo sistemático:
1. Administração : gestão 658.401
2. Administração : gestão 658.011.2

Todos os direitos estão reservados e protegidos por Lei. Nenhuma parte deste livro, sem autorização prévia por escrito da editora, poderá ser reproduzida ou transmitida. A violação dos Direitos Autorais é crime estabelecido na Lei nº 9.610/98 e com punição de acordo com o artigo 184 do Código Penal.

A editora não se responsabiliza pelo conteúdo da obra, formulada exclusivamente pelo(s) autor(es).

Marcas Registradas: Todos os termos mencionados e reconhecidos como Marca Registrada e/ou Comercial são de responsabilidade de seus proprietários. A editora informa não estar associada a nenhum produto e/ou fornecedor apresentado no livro.

Erratas e arquivos de apoio: No site da editora relatamos, com a devida correção, qualquer erro encontrado em nossos livros, bem como disponibilizamos arquivos de apoio se aplicáveis à obra em questão.

Acesse o site **www.altabooks.com.br** e procure pelo título do livro desejado para ter acesso às erratas, aos arquivos de apoio e/ou a outros conteúdos aplicáveis à obra.

Suporte Técnico: A obra é comercializada na forma em que está, sem direito a suporte técnico ou orientação pessoal/exclusiva ao leitor.

A editora não se responsabiliza pela manutenção, atualização e idioma dos sites referidos pelos autores nesta obra.

Produção Editorial
Grupo Editorial Alta Books

Diretor Editorial
Anderson Vieira
anderson.vieira@altabooks.com.br

Editor
José Ruggeri
j.ruggeri@altabooks.com.br

Gerência Comercial
Claudio Lima
claudio@altabooks.com.br

Gerência Marketing
Andréa Guatiello
andrea@altabooks.com.br

Coordenação Comercial
Thiago Biaggi

Coordenação de Eventos
Viviane Paiva
comercial@altabooks.com.br

Coordenação ADM/Finc.
Solange Souza

Coordenação Logística
Waldir Rodrigues

Gestão de Pessoas
Jairo Araújo

Direitos Autorais
Raquel Porto
rights@altabooks.com.br

Assistentes da Obra
Ana Clara Tambasco
Erick Brandão

Produtores Editoriais
Illysabelle Trajano
Maria de Lourdes Borges
Thales Silva
Thiê Alves
Luciano Cunha
Paulo Gomes

Equipe Comercial
Adenir Gomes
Ana Carolina Marinho
Ana Claudia Lima
Daiana Costa
Everson Sete
Kaique Luiz
Luana Santos
Maira Conceição
Natasha Sales

Equipe Editorial
Andreza Moraes
Arthur Candreva
Beatriz de Assis
Beatriz Frohe

Betânia Santos
Brenda Rodrigues
Caroline David
Elton Manhães
Fernanda Teixeira
Gabriela Paiva
Henrique Waldez
Karolayne Alves
Kelry Oliveira
Lorrahn Candido
Luana Maura
Marcelli Ferreira
Mariana Portugal
Matheus Mello
Milena Soares
Patricia Silvestre
Viviane Corrêa
Yasmin Sayonara

Marketing Editorial
Amanda Mucci
Guilherme Nunes
Livia Carvalho
Pedro Guimarães
Thiago Brito

Atuaram na edição desta obra:

Revisão Gramatical
Fernanda Lutfi
Smirna Cavalheiro

Diagramação
Rita Motta

Capa
Cesar Godoy

Editora afiliada à:  ASSOCIADO

ALTA BOOKS
GRUPO EDITORIAL

Rua Viúva Cláudio, 291 – Bairro Industrial do Jacaré
CEP: 20.970-031 – Rio de Janeiro (RJ)
Tels.: (21) 3278-8069 / 3278-8419
www.altabooks.com.br — altabooks@altabooks.com.br
Ouvidoria: ouvidoria@altabooks.com.br

Sumário

Introdução 1

Prefácio 7

Sobre os autores 13

01 Metodologia "Newgotiation" 17

    1.1 O que é e como utilizá-la 17

        1.1.1 A Clínica Especializada de Apoio à Negociação: O *Dispute Board* 18

    1.2 Os pontos de fricção que fazem sua empresa perder performance 19

    1.3 Uma nova visão do conceito de liderança aliada à negociação 21

    1.4 Como se atinge uma liderança de alta performance com o uso das técnicas de Newgotiation? 25

    1.5 Matriz de Negociações Complexas (MNC) – o que é e como utilizá-la na resolução dos conflitos 29

        1.5.1 Matriz de Negociações Complexas 30

        1.5.2 Etapas do processo de negociação 32

	1.5.3 Preparação 33

- 1.5.3 Preparação 33
- 1.5.4 Criação de valor 38
- 1.5.5 Distribuição de valor 40
- 1.5.6 Implementação/Fechamento 42

1.6 Elementos do processo de negociação 43
- 1.6.1 Cognição 43
- 1.6.2 Contexto/Ambiente 46
- 1.6.3 Interesses 47
- 1.6.4 Opções 50
- 1.6.5 Padrão/Critérios 51
- 1.6.6 Tempo 52
- 1.6.7 Concessão 55
- 1.6.8 Relacionamento 59
- 1.6.9 Poder 61
- 1.6.10 Conformidade legal 67
- 1.6.11 Resumo do entendimento sobre os dez elementos 67

02 Os problemas de produtividade e de performance nas empresas devido a questões de gerenciamento de conflitos 69

03 O que são os clini-cases e como utilizá-los 73

04 Os clini-cases ilustrativos 75

4.1 Conflito em empresas familiares 75
- 4.1.1 Empresa familiar onde existe um ou mais gestores de mercado e um ou mais proprietário(s)-gestor(es) 77
  - 4.1.1.1 Diagnóstico 78
- 4.1.2 Empresa familiar na qual os membros da mesma família são os principais executivos 81
  - 4.1.2.1 *Diagnóstico* 82
- 4.1.3 Empresa familiar em processo de transição 84
  - 4.1.3.1 *Diagnóstico* 84

- 4.1.3.2 *Prescrição técnica para solução de conflitos em empresas familiares por meio do método (MNC) em Newgotiation* 92
- 4.1.4 Uma análise de casos reais de conflitos em empresas familiares sob a ótica dos dez elementos de negociação 99
  - 4.1.4.1 *Características de empresas familiares no Brasil* 100
  - 4.1.4.2 *Caso #1: Dudalina: um caso de sucessão em empresa familiar no Brasil* 102
    - 4.1.4.2.1 Análise do caso Dudalina por meio da matriz de negociações complexas (MNC) 107
  - 4.1.4.3 *Caso #2: Mineradora S/A uma empresa familiar* 110
- 4.2 Conflitos em empresas criativas e culturais 118
  - 4.2.1 Empresas de moda, do segmento de luxo e de produtos premium (empresas com ativos intangíveis de alto valor) 120
    - 4.2.1.1 *Diagnóstico* 121
  - 4.2.2 Empresas criativas da área de tecnologia 124
    - 4.2.2.1 *Diagnóstico* 125
  - 4.2.3 Metodologia *Scrum* – o papel do *Scrum Master* como mediador 130
    - 4.2.3.1 *Diagnóstico* 133
    - 4.2.3.2 *Prescrição técnica para solução de conflitos em empresas criativas e culturais por meio do método (MNC) em Newgotiation* 138
- 4.3 Conflitos entre gestores em empresas de diversos segmentos 146
  - 4.3.1 Empresas de diversos setores com problemas de conflitos entre gestores de marketing e de finanças 146
    - 4.3.1.1 *Diagnóstico* 148
  - 4.3.2 Empresas em processo de fusão e aquisição: conflitos por diferença de cultura e por diferente formação dos profissionais envolvidos 155
    - 4.3.2.1 *Diagnóstico* 158
    - 4.3.2.2 *Prescrição técnica para solução de conflitos entre gestores em empresas de diversos segmentos por meio do método (MNC) em Newgotiation* 165
- 4.4 Conflito entre o gestor líder e o empregado 176
  - 4.4.1 O líder "dono da verdade" 177
    - 4.4.1.1 *Diagnóstico* 177
  - 4.4.2 O gestor tóxico 184
    - 4.4.2.1 *Diagnóstico* 185

    4.4.2.2 *Prescrição técnica para solução de conflitos entre o gestor líder e o empregado por meio do método (MNC) em Newgotiation*...190

  4.5 A Negociação 4.0 no mundo virtual..198

   4.5.1 Como tornar suas reuniões virtuais mais produtivas, com maior engajamento e com menos polarização entre os participantes..199

    4.5.1.1 *Diagnóstico* 200

    4.5.1.2 *Prescrição técnica para solução de conflitos no mundo virtual por meio do método (MNC) em Newgotiation*...... 201

  4.6 Gerenciando e negociando em extrema incerteza 205

   4.6.1 Diagnóstico...207

    4.6.1.1 *Prescrição técnica para construção de consenso reduzindo os efeitos da incerteza por meio do método (MNC) em Newgotiation* 210

05 | Conclusão 219

06 | Análise de cases reais... 223

 6.1 Introdução 223
 6.2 Cases reais de fusões e aquisições 224
 6.3 Case: AB INBEV & SABMILLER...224
 6.4 Case: Airbus x Bombadier 235
 6.5 Case: Operação Microsoft x LinkedIn 251
 6.6 Case: Operação Facebook x Whatsapp... 261
 6.7 Case: A compra dos estúdios 21st Century Fox pelos estúdios Walt Disney 270

Bibliografia consultada 283

Índice..291

Introdução

Mudanças na forma de gestão das empresas vêm ocorrendo de forma muito rápida. São diferentes cenários em diferentes setores empresariais e diferentes objetivos que as empresas desejam alcançar. Talvez nunca tenhamos presenciado tamanha diversidade, o que faz com que também cresçam os pontos de fricção, gerando conflitos. Todos nós sabemos que o conceito de equipe faz com que as empresas cresçam e ultrapassem as suas dificuldades.

> Na gigante de tecnologia Microsoft, um dos primeiros atos de Satya Nadella, depois de se tornar CEO, em 2014, foi pedir aos executivos da empresa que lessem o livro *Comunicação Não Violenta*, de Marshall Rosenberg. O gesto sinalizou uma mudança de rumos no comando da empresa.

Durante décadas, a Microsoft foi dominada pelo espírito beligerante de seus executivos, que se envolviam em brigas de poder e disputas corporativas. Nadella interrompeu esse ciclo. O foco no espírito colaborativo, apoiado em conceitos da CNV (comunicação não violenta), abriu caminho para um novo cenário. A empresa transformou não apenas sua estratégia de negócios, mas também a cultura interna, com base em valores como confiança e empatia. A mudança de postura criou mais de US$250 bilhões de dólares em valor de mercado para a Microsoft. Ao completar 6 anos no comando da empresa, o retorno total gerado para os acionistas passou de US$1 trilhão.

O exemplo da Microsoft mostra como a mudança de cultura faz a diferença nas empresas. Desenvolver a capacidade de influenciar, mas sem manipular. O modo autoritário de gerenciar pessoas está com os dias contados. Ele não tem a menor chance de promover engajamento. Hoje, até 75% da força de trabalho reside nas novas gerações, formadas em sua maioria por millennials. Esses jovens são movidos pela força do propósito, precisam ver sentido no que fazem. Querem espaço para que suas ideias sejam ouvidas e aproveitadas. Cultivam ideais de autonomia e de propósito. Caso contrário, não permanecem nas empresas.

Daí a força da empatia organizacional, que se torna possível com uma gestão de pessoas focada nas aptidões humanas, em suas necessidades e seus sentimentos. Com um ambiente que favoreça a cooperação e os diálogos construtivos. As organizações buscam pessoas engajadas, que trabalhem com adesão aos propósitos da empresa.

Jornal *O Estadão* (15/2/21).

Logo, para que esse quadro se torne realidade, pontos de fricção entre os profissionais devem ser abolidos. Assim, é cada vez mais importante termos nas empresas líderes com capacidade de negociação. Ou seja, não basta ser um líder, mas é preciso ter a habilidade de ser um mediador de conflitos. A realidade corporativa no mundo vem mostrando essa necessidade de criarmos profissionais capacitados na arte de negociar. São várias as situações que podemos citar, como, por exemplo, os profissionais no mercado que se questionam sobre como deverão ser as relações no trabalho em um ambiente onde as empresas usam cada vez mais tecnologia. Não bastará você ser um profissional que está atualizado em nível técnico, você deverá desenvolver *soft skills* de negociação para que dessa forma possa liderar a sua equipe ou ainda tenha um bom relacionamento com seus pares e a empresa possa aumentar sua performance.

Podemos citar aqui as principais mudanças que vêm ocorrendo nas empresas e que são pontos de conflito:

- Empresários que precisam se atualizar para que possam implementar novas estratégias e criar modelos de negócio que acompanhem as novas tecnologias. Essa necessidade de mudança para o *mindset* desses empresários pode gerar conflitos com os demais gestores das empresas, ou mesmo com outros proprietários do negócio.
- O novo comportamento do consumidor exige que as empresas sejam éticas, sustentáveis, e que haja diversidade no seu quadro de colaboradores. Dessa forma, cria-se uma necessidade de termos gestores com a capacidade de liderança específica e uma forte capacidade de negociação para administrar os diversos interesses dos colaboradores dessas empresas.
- Estratégia do secretário-geral da ONU para o Financiamento da Agenda 2030 traz em seu escopo que o financiamento para o desenvolvimento sustentável está disponível, dados o tamanho, a escala e o nível de sofisticação do sistema financeiro global – com produto mundial bruto e ativos financeiros

do setor privado bruto estimados em mais de US$80 trilhões (Banco de Dados do Banco Mundial, 2017) e EUA US$200 trilhões respectivamente (Relatório de Riqueza Global da Allianz, 2018). Contudo, o financiamento disponível não é canalizado para o desenvolvimento sustentável na escala e na velocidade necessárias para atingir os SDG (Sustainable Development Goals) e as metas do Acordo de Paris. Ainda existem problemas de regulação e de alinhamento de interesses e, portanto, o atual sistema financeiro deverá mudar seu foco de investimento visando a maximizar a riqueza do acionista para o bem-estar da sociedade e para a preservação do meio ambiente. Logo, gestores e participantes do conselho de grandes empresas devem possuir uma forte capacidade de negociação no sentido de compatibilizar interesses dado que esses investimentos mexem com diversos tipos atores que possuem teses de investimento distintas.

- Empresas familiares que possuem diversos problemas de relacionamento interpessoal entre os gestores e entre os seus familiares participantes da gestão. Ou, ainda, problemas de sucessão familiar devido a problemas de conflito entre seus familiares que têm diferentes tipos de interesses. Assim, nessas empresas forma-se um campo fértil para o desenvolvimento de conflitos, portanto, elas necessitam de líderes com habilidade de "Newgotiation" de forma a resolver conflitos entre os sócios e os familiares, buscando a perenização da empresa.

- Empresas de diversos setores com problemas de conflitos entre seus gestores de diferentes áreas devido à diferença de *background* como, por exemplo, gestores de marketing *versus* gestores financeiros. Esse problema vem se acentuando na atualidade dadas as mudanças que vêm ocorrendo nas maneiras de gerenciamento das empresas que não visam somente ao lucro, mas também ao incremento do valor da marca, ao foco no social e no meio ambiente, fazendo com que o valor intangível de uma empresa ganhe relevância.

- Empresas de tecnologia que possuem em seu quadro funcionários com perfil criativo, em que os ativos intangíveis têm um peso maior no valor da empresa, desafiam as leis das finanças com impacto nas decisões dos gestores financeiros e fazem com que seja necessário ter líderes que consigam mediar interesses e objetivos profissionais diversos.
- Empresas voltadas para uma administração humanizada, na qual haja uma preocupação com seu grupo de colaboradores, tendo foco em uma gestão participativa, que gere menos atritos e que a liderança de seus gestores seja calçada pelas suas habilidades interpessoais. Dessa forma, gestores tóxicos ou donos da verdade perdem espaço, pois são focos de geração de conflitos.

Os desafios são enormes. Portanto, ainda que seja necessário as empresas buscarem líderes que tenham habilidades específicas relacionadas a seu setor, uma habilidade fundamental e que é inerente a qualquer líder é sua capacidade de negociação. Já a estratégia que fala de liderança "*one size fits all*" está ultrapassada, e pode causar sérios danos à performance da empresa. Assim, para que as empresas possam desenvolver as habilidades necessárias de negociação que são comuns a todos os tipos de liderança, a **tecnopedagogia 4-10 Newgotiation** foi criada com ênfase em proporcionar uma liderança participativa e colaborativa.

Prefácio

O livro *Newgotiation 4.10: Aumentando seus Lucros com Conflitos Positivos* mostra como liderar e resolver conflitos por meio da técnica de negociação, que aborda e identifica problemas recorrentes de conflitos nas empresas e apresenta soluções através da técnica Newgotiation 4.10. Diversos problemas são ilustrados a partir de casos práticos chamados de "clini-cases", que são uma coletânea de experiências profissionais sobre determinados tipos de atritos em relacionamentos interpessoais que ocorrem frequentemente no ambiente corporativo. Neste livro, enfatiza-se a relevância da *soft skill* de negociação para que os gestores desenvolvam a habilidade de liderar por meio da mediação de diversos interesses profissionais de forma a gerar valor para a empresa. A fim de escrever sobre esse assunto, os professores e consultores Dr. Yann Duzert, Dr. Haroldo Monteiro, Dr. Murillo e também o professor e empresário Dr. Marcos Caiado se juntaram para desenvolver esta obra que, na realidade, é um manual que pode ser utilizado tanto por empresários em busca de solução para problemas de mediação de conflitos de diferentes naturezas, como por profissionais de diversos níveis que queiram desenvolver sua habilidade na arte de negociação para enfrentar os conflitos do dia a dia corporativo.

A hierarquia formal do passado cede espaço para uma maior participação de vários atores que compõem e interagem no mundo corporativo. Nesse sentido, precisamos lidar constantemente com dezenas ou mesmo centenas de pessoas que têm background e visões de mundo diferentes das nossas. E, em cenários nos quais ocorrem múltiplas interações, as chances de surgirem impasses são maiores.

Por conta disso, saber negociar e gerenciar conflitos é fundamental para a sobrevivência das organizações. Quantas empresas familiares sucumbem às disputas de poder entre os herdeiros que não foram preparados para serem sócios? Quantas startups não conseguem escalar por falta de um processo adequado de gestão de conflitos, potencializados pela sua horizontalidade hierárquica? Quantos executivos são demitidos ou têm suas carreiras severamente prejudicadas por lhes faltarem as competências necessárias para negociar?

Sabe-se que os conflitos são inerentes às relações humanas. Sabe-se também que na medida certa eles podem trazer desenvolvimento e riqueza. De fato, diferentes pontos de vista – advindos de pessoas diferentes – estimulam a geração de ideias inovadoras, algo essencial para se diferenciar no mercado. Portanto, a questão não é como eliminar os conflitos, mas sim como gerenciá-los da maneira correta. Nesse sentido, a antiga ideia da negociação como embate, no qual para um ganhar ou outro necessariamente tinha que perder, está completamente ultrapassada. Assim, exige-se dos gestores um repertório suficiente para negociar de forma eficaz, a fim de estabelecer acordos sensatos, sempre amparados em critérios justos e razoáveis.

Adicionalmente, esse gestor deve ter claro que todas as negociações são uma ótima oportunidade de aprimorar relacionamentos. Com efeito, a reputação de negociador hábil, justo e respeitoso é um importante ativo que poderá facilitar bastante a construção de uma boa negociação. E boas negociações, ao seu turno, reforçam os bons relacionamentos. É uma espécie de círculo virtuoso no qual todos saem beneficiados.

A mensagem deste livro tem três objetivos distintos. O primeiro visa a desmistificar o conceito de liderança, que vem sendo utilizado de forma ampla, sem muitas vezes utilizar o conceito de liderança com foco em negociação. O segundo objetivo visa a trazer para o leitor, de forma simples e com uma linguagem clara, situações cotidianas de conflitos em diversas empresas, de forma que ele sinta a situação como um reflexo dos seus problemas do dia a dia. O terceiro objetivo é o fechamento do que os autores chamam de "ciclo de desenvolvimento de liderança", quando descrevem como deve ser usada e desenvolvida a *soft skill* de negociação, por meio do método de "Newgotiation" 4.10, utilizando os 10 elementos para que gestores consigam reduzir conflitos e melhorar a performance de suas empresas.

É fato que o processo de negociação não é tarefa fácil. Sem dúvida, lidar com pessoas é sempre desafiador, não importando quando e onde. Geralmente são elas que demandam a maior parte do nosso tempo e da nossa atenção, quando comparamos aos recursos investidos na negociação do objeto do acordo. Contudo, com base em minha longa experiência profissional, bem como no contato com meus alunos de MBA, tenho absoluta convicção de que os profissionais que manejarem bem as ferramentas de negociação apresentadas neste livro sairão na frente. Além disso, terão a possibilidade de ter uma vida mais próspera e feliz, pois, além de ajudar as pessoas a chegarem ao consenso, contribuirão para um melhor ambiente de negócio por onde passarem.

O método Newgotiation ensina como transformar conflitos e negociações em acordos eficientes para a escolha das estratégias mais adequadas e orienta ações de governos na forma de lidar com diversos desafios enfrentados na gestão pública e nas ações dos gestores em empresas. Incentiva a utilização de políticas públicas e ações gerenciais inovadoras na tomada de decisões alinhadas com os Objetivos de Desenvolvimento Sustentável desenvolvidos pela ONU na agenda 2030. Ensinamos aqui as 4 etapas e os 10 elementos da arte de negociar, uma nova técnica. Com sistema integrado e mentalidade baseada na ética e na elegância moral, também enveredamos na magia da neurociência, da tecnologia e da transformação digital. Acreditamos que na vida conseguiremos sucesso não por estarmos à frente de outras pessoas, mas quando formos pacientes para esperar pelo momento certo de agir, ao mesmo tempo sendo criativos, tendo escuta ativa para entender nossos gatilhos e armadilhas humanas, objetivando modificar crenças e comportamentos arraigados e desafiadores. Os grandes negociadores não são necessariamente aqueles que se especializam muito em determinados assuntos, mas os que buscam as perspectivas mais abrangentes. Pessoas informadas analisam, aprofundam e entregam-se ao aprendizado para conhecer a outra parte que está negociando. A maior preocupação, hoje, é que as pessoas chegaram a um ponto de desinformação, pelo menos no que concerne ao conhecimento estabelecido em políticas públicas. Rejeitar o conselho de especialistas é afirmar a autonomia, uma forma de demonstrar a independência de elites nefastas e isolar seus egos cada vez mais frágeis de serem informados de que estão errados.

Dr. Marcos Caiado
é doutor pela FGV e empresário,
sendo também um dos colaboradores
na idealização deste livro.

Sobre os autores

Dr. Yann Duzert é um practioner na arte de negociar, ministrou inúmeros treinamentos e mediou negociações para empresas e equipes de governo de vários países ao redor do mundo, sendo também criador do método **Newgotiation,** a arte de negociação do século XXI. Yann é também pós-doutor pelo MIT Harvard em Public Disputes Program e membro do Conselho Editorial da revista *MIT Technology.* Yann Duzert participou como Trusteeship no Media for Social Impact Summit da ONU em Nova York, em 2018. Esse evento exclusivo da ONU reúne representantes das principais empresas de mídia, empresas de publicidade e agências de criação com representantes de alto nível das Nações Unidas e especialistas em comunicação a fim de destacar o poder da mídia para impulsionar a mudança social e criar estratégias em torno de questões globais urgentes e os Objetivos de Desenvolvimento Sustentável. Professor associado da Rennes School of Business, tendo sido professor visitante em mais de cinquenta universidades no mundo e trabalhado para mais de duzentas empresas como keynote speaker, consultor e advisor de conselhos.

Dr. Haroldo Monteiro é um executivo que, além de ter uma vasta experiência como gestor em empresas, é também professor e pesquisador sobre temas como liderança e *soft skills*, que são hoje fundamentais para as empresas desenvolverem uma estratégia de sucesso. Sua tese com o título "CFO's Personal Skills Influencing the Job Performance in Brazilian Fashion Luxury Companies" foi escolhida para participar do IMTC BEST THESIS AWARD PR. ELYETTE ROUX AWARD no International Marketing Congress em Paris. Nela o autor mostra em sua linha de pesquisa a importância do desenvolvimento das *soft skills* essenciais para a construção de um consenso na definição de estratégias de negócios em ambientes nos quais os tomadores de decisão são gestores com diferentes backgrounds e objetivos.

Dr. Murillo Dias é autor de livros e artigos publicados no Brasil e no exterior. Especialista em Negociação pelo Program on Negotiation da Harvard Law School. Leciona a disciplina de Negociações Internacionais e Técnicas de Planejamento na Rennes School of Business, na França. É membro da International Association for Conflict Management (IACM) nos Estados Unidos e faz parte dos conselhos editoriais da *Deccan Business Review*, em Mumbai, do Institute of Scholars (InSc), na Índia, do *Journal of Science and*

Technology (EUA), além de ser membro do *London Journal Press* (UK).

Dr. Marcos Caiado é professor de pós-graduação na Escola de Negócios da PUC-Rio, ministrando cadeiras em diversos cursos de MBA. É doutor em Administração de Empresas pela FGV/EAESP. Mestre em Administração de Empresas pela PUC-Rio, instituição onde também cursou MBA em Management. Advogado e mestre em Direito. Possui pós-graduação em Filosofia pela PUC-Rio. Atualmente é empresário, sendo proprietário de uma cadeia de lojas de alimentação, e possui assento no conselho de Governança e Compliance na Associação Comercial do Rio de Janeiro (ACRJ). Exerceu a função de conselheiro da Federação das Indústrias do Rio de Janeiro (FIRJAN).

01

Metodologia "Newgotiation"

1.1 O que é e como utilizá-la

A metodologia aplicada pelo Newgotiation valoriza, para ambientes organizacionais, uma gestão objetiva, de regras claras, livre de arbitrariedade ou autoritarismo e voltada para uma governança colaborativa mais horizontal, com criação de confiança, compromisso, valor e resultados.

Dessa forma, no treinamento de equipes há uma atuação para que sejam desenvolvidos negociadores eficazes, levando a técnica e o conhecimento necessários para geração e aumento da colaboração e da produtividade em meio à promoção de um ambiente harmonioso e agradável, reduzido em tensões.

A técnica **tecnopedagogia 4-10 Newgotiation** pode também utilizar plataformas e tecnologias digitais para instrumentalizar a cultura da organização negociadora, a solução de problemas e a minimização de erros, sem complicações.

Objetivamente, essa técnica — por meio de sua organização ou disputa — pode lançar mão de dois eixos de atuação: o ***Newgotiation Aprendizado Corporativo*** e a ***Clínica Especializada de Apoio à Negociação***.

Newgotiation Aprendizado Corporativo é um programa completo de negociação de soluções corporativas e resoluções de conflitos, no qual são desenvolvidos aprendizados com especialistas em diferentes segmentos com experiência em treinamentos diferenciados, inovadores e palestras de aperfeiçoamento, focados em:

- Desenvolvimento dos comportamentos de negociação e liderança alinhados aos valores organizacionais e à governança colaborativa.
- Suporte ao processo de educação corporativa para a prevenção e a gestão de situações difíceis e para a proteção de relacionamentos e reputações.
- Cocriação e auxílio à aplicação de ideias emergentes e histórias úteis de várias disciplinas e clientes ao cotidiano, de forma a compor a trajetória organizacional.

1.1.1 A Clínica Especializada de Apoio à Negociação: O *Dispute Board*

O *Dispute Board* (DB), também conhecido como Painel ou Comitê de Resolução de Disputas (CRD), é um tipo de clínica especializada para resolução de conflitos que possui a função de acompanhar a execução de um contrato ou uma disputa desde o princípio, bem como de formular recomendações ou decisões para as partes, conforme elas demandarem. Tem ainda a função de nivelar entendimentos, documentar o comportamento das partes no decorrer do processo e tornar suas decisões vinculativas, evitando o desenvolvimento de conflitos e a paralisação de contratos ou acordos.

O comitê é formado por profissionais neutros em relação ao contrato e imparciais em relação aos contratantes. Esses profissionais devem ter expertise e boa reputação em relação à matéria contratual ou da disputa, para que suas decisões ou recomendações sejam qualificadas e bem fundamentadas.

Assim, por meio desse conjunto de atuações orientadas pela **tecnopedagogia 4-10 Newgotiation**, são promovidas a conversão de ideias, conceitos e experiências em reais mudanças de comportamento, retornos mensuráveis e imediatos e perpetuidade da prosperidade dos negócios da organização.

1.2 Os pontos de fricção que fazem sua empresa perder performance

No mundo em que a informação global é em tempo real, surgem diferentes opiniões sobre diversos temas gerando atrito entre aqueles que estão colocando seu ponto de vista sobre determinado assunto. Essas discussões fazem com que haja no limite término de amizades, briga entre parentes e dificuldade de se relacionar com pessoas que têm opiniões diferentes da sua.

Vejam que no parágrafo anterior falamos apenas de situações em que pode haver conflito de opinião e até discussões mais acaloradas entre pessoas aleatórias, podendo elas pertencer a um grupo de amigos; pessoas conhecidas, mas que você não tenha muita intimidade; ou até entre parentes.

Agora vamos adicionar um cenário em que haja informação em tempo real, uma situação em que pessoas trabalhem em uma mesma empresa e que tenham: diferença de opiniões, sejam elas das mais diversas origens; diferença de formação universitária; diferença cultural; diferentes objetivos na vida; diferentes níveis de ambição; diferentes perfis profissionais; e diferentes perfis psicológicos. Bem, chegamos agora ao mundo corporativo real da atualidade, onde pessoas dos mais diferentes tipos devem estar alinhadas à estratégia principal da empresa visando à criação de riqueza.

Para que haja alinhamento dos gestores à estratégia principal da empresa e um aumento de performance, todos precisam dar o melhor de si, reduzindo ao máximo os pontos de atrito. Podemos identificar cinco principais pontos que geram conflito dentro de uma empresa:

- Ego inflado.
- Criatividade x Racionalidade.
- Aversão ao risco x Propensão ao risco.
- Relações interpessoais.
- Conflitos de poder.

Assim, por meio do conhecimento de técnicas de negociação é possível reduzir esses conflitos dentro da empresa, aumentando sua performance. A experiência nos mostra que as empresas que mais crescem no mundo investem na melhoria da capacidade de negociação de seus gestores de forma a incrementar o trabalho em equipe, fator esse que ocorre somente em uma companhia que reduza os pontos de atrito entre seus gestores.

1.3 Uma nova visão do conceito de liderança aliada à negociação

Liderança num sentido amplo é uma importante ferramenta de gerenciamento usada pelos gerentes para promover o desempenho da empresa. É por isso que os gerentes estão sempre tentando desenvolver essa capacidade para obter melhores resultados de gerenciamento nas organizações. Uma pesquisa divulgada por McKinsey (2014) com quinhentos executivos mostrou que, para eles, duas em cada três prioridades de capital humano eram o desenvolvimento de liderança. Eles também destacaram que o desenvolvimento da liderança é a prioridade atual e futura e, para dois terços dos entrevistados, sua principal preocupação.

Dessa forma, empresários precisam ter em sua equipe gestores que se adaptem ao negócio principal da empresa, ou seja, líderes que tenham características específicas para trabalhar em determinado setor. Assim, a equipe de recursos humanos deve ter essas características descritas corretamente, e um plano de treinamento para desenvolver essas competências específicas caso o colaborador não as possua. Logo, quando o empresário busca uma gestão de alta performance, falar somente em ter um profissional com capacidade de liderança já não é mais o bastante, na realidade, o profissional deve ter características específicas de liderança que são necessárias para se trabalhar em determinado setor. A estratégia que fala de liderança *"one size fits all"* está ultrapassada e pode causar sérios danos à performance da empresa.

É fato que a liderança abrange um amplo conjunto de habilidades. No entanto, a combinação dessas habilidades necessárias para ser um líder não pode ser padronizada. Consequentemente, a abordagem de liderança de tamanho único não pode ser usada pelos gerentes de recursos humanos para definir um perfil de candidato ou desenvolver programas de treinamento para gerentes. Da mesma forma, os gerentes não podem usar a liderança como uma ferramenta de gerenciamento sem identificar o conjunto certo de habilidades que um profissional deve ter. Em vez disso, primeiro, eles devem definir o contexto da empresa e, em seguida, encontrar o especialista com o grupo certo de habilidades que melhor se encaixa nesse contexto.

No entanto, as empresas insistem em uma visão antiquada da liderança ao contratar um profissional. Como resultado, isso provoca menos eficiência gerencial desses profissionais, aumenta o número de conflitos entre diferentes departamentos e diminui o desempenho da empresa. Na verdade, antes de contratar um gerente, os recursos humanos devem definir o perfil do profissional certo para a posição correta. Esse profissional deve ter o conjunto certo de habilidades necessárias para lidar com as especificidades de determinado setor e para se adequar à cultura da empresa. O contexto de negócios em si é um elemento essencial da liderança bem-sucedida.

Da mesma forma, as organizações gastam uma quantia considerável de dinheiro em programas de treinamento para melhorar as capacidades de liderança dos gerentes. As escolas de negócios oferecem cursos personalizados sobre liderança a altos custos. Essas iniciativas de treinamento ainda têm seus pilares no pressuposto de que uma abordagem de tamanho único é adequada a todos. Para eles, o estilo do líder é apropriado, independentemente da estratégia e da cultura organizacional. Portanto, a maioria dos programas de treinamento concentra-se na ideia de que, se alguém adquirir o mesmo conjunto de habilidades de liderança, ele se tornará um bom líder.

Por outro lado, esses cursos devem se concentrar no contexto, o que significa que eles devem fornecer aos líderes um pequeno número de competências (duas ou três). Os cursos de liderança devem ser *taylor made* para que possam atingir seus objetivos. Isso significa que devem ser construídos por um coacher e por um profissional de RH da empresa. O profissional de RH seria responsável por descrever o contexto da empresa, enquanto o coacher seria responsável por combinar o conjunto certo de habilidades para cada gerente específico em cada posição específica e treinar o trabalhador para ser um líder.

No processo de criação do desenvolvimento da liderança, as empresas devem se fazer uma pergunta simples: para que serve este programa?

A resposta deve considerar três pontos principais:

1. Este programa é para apoiar que tipo de estratégia?
2. Quais são os papéis dos participantes?
3. Em que setor a empresa está inserida?

Após a empresa responder a essas perguntas, o coacher pode descobrir as competências certas para a posição exigida. Assim, o programa de desenvolvimento de liderança aumentará o desempenho do líder para que a organização possa alcançar uma vantagem competitiva.

Uma das características que são inerentes a qualquer tipo de liderança específica é a capacidade de o líder saber negociar. Ninguém pode ser um líder de sucesso se não souber negociar e liderança é uma competência essencial para o sucesso de empresas, nações e organizações, pois são os líderes que tornam possível e efetivo o trabalho em conjunto, dando às pessoas objetivos e valores comuns, a estrutura certa e o treinamento e o desenvolvimento de que precisam para agirem adequadamente e atuarem com propriedade em face das mudanças e das inovações a que estão continuamente expostas. Mas só pode exercer com competência o exercício da liderança quem souber negociar, pois negociação está entre as competências indispensáveis para líderes.

O sucesso da Microsoft, por exemplo, começou com uma negociação com a IBM. Mas negociações mal conduzidas podem levar a grandes prejuízos, como foi o caso da negociação de Jack Welch para a aquisição da Kidder Peabody, que resultou num prejuízo de 1,2 bilhão de dólares para a GE. Ou a negociação do Supermercado Paes Mendonça na compra da Rede Disco, que acabou resultando na sua falência. Mas, em termos de negociação, o importante é ressaltar que, quando se conhece os princípios e os fundamentos que levam ao sucesso numa negociação, se conhece o que leva ao sucesso em qualquer atividade da vida, pois o sucesso é baseado em princípios fundamentais que existem e são os mesmos desde os primórdios da humanidade. Mas o que deve ser ressaltado é que, se os princípios são os mesmos, a aplicação é específica para cada caso e cada situação.

1.4 Como se atinge uma liderança de alta performance com o uso das técnicas de Newgotiation?

Para se atingir uma liderança de alta performance é necessário que o candidato a líder desenvolva competências que são inerentes ao setor corporativo que ele irá trabalhar em conjunto com habilidades de negociação modernas. Portanto, quando um líder alia suas características específicas à habilidade de negociação, ele estará apto a liderar diversas empresas de diversos setores que tenham diferentes propósitos. Neste livro, o objetivo é fazer um link entre diversas situações que necessitam de um líder com habilidades de "Newgotiation".

Em um mundo no qual as empresas procuram implantar uma estratégia de rápido crescimento, elas buscam agilidade em seus modelos operacionais. Dessa forma, as organizações tentam fazer as alterações necessárias em toda a empresa, e novos desafios que não ocorreram no nível micro estão começando a existir. Esses desafios atuais acontecem onde silos de organizações tradicionais precisam interagir ou, ainda, profissionais com diferentes backgrounds necessitam trabalhar em conjunto para que a empresa cresça. Nesse caso, apenas um líder com as habilidades de negociação pode superar essas barreiras para criar trabalho em equipe.

Além disso, as organizações devem ser ágeis e criativas para superar a concorrência violenta imposta pela nova economia. Essa competição diz respeito à entrada de empresas tecnológicas no mercado, onde elas podem substituir a maneira como as empresas tradicionais fazem seus negócios. A revolução digital trouxe algumas dessas mudanças drásticas em que as empresas tecnológicas criam uma nova maneira de fazer negócios por meio do desenvolvimento de novas formas de comportamento do consumidor. Consequentemente, considerando o ambiente da nova economia, as habilidades de liderança ganham relevância, pois as empresas precisam de um líder para liderar as mudanças necessárias e evitar conflitos entre silos. A habilidade de negociação nesse caso é fator de sucesso ou de fracasso.

Outra mudança significativa diz respeito às novas gerações que entram no mercado para começar a trabalhar, cujas prioridades e valores são totalmente diferentes dos da geração antiga. Eles são mais propensos a enfatizar sustentabilidade e responsabilidade social, em vez de lucros a qualquer custo. Da mesma forma, o comportamento do consumidor está mudando rapidamente; hoje em dia, as pessoas procuram experiência. Portanto, é necessário melhorar as estratégias de marketing e, ao mesmo tempo, adaptar o plano financeiro para que haja maior equilíbrio e as empresas mantenham sua lucratividade e sejam sustentáveis. Essa nova tendência de gerenciamento das organizações leva os profissionais de marketing, que visam à marca do produto e a valorizam do intangível, a se chocarem muitas vezes com o interesse dos gestores financeiros, que têm como objetivo principal criar valor para as empresas. Dentro desse contexto um gestor de marketing, ou um gestor financeiro que seja um líder com capacidade de mediar interesses, ganha importância.

Com o aparecimento de novas tecnologias e novos modelos de negócio sendo criados, as empresas de todos os setores buscam um crescimento acelerado. Essa situação às vezes leva as empresas a aumentarem sua presença global. Encontrar novos mercados é obrigatório; as economias emergentes são preferidas, embora, na maioria dos casos, a cultura nesses países seja diferente. Consequentemente, essas empresas precisam contratar trabalhadores nesses locais, no entanto, conflitos entre equipes podem surgir devido à diferença de cultura do trabalhador. Além disso, quando a estratégia de crescimento tem seu pilar em uma estratégia de fusão e aquisição, a diferença entre a cultura das empresas aumenta as chances de falha. De acordo com as pesquisas de Harvard em 2018, 80% de todas as transações em todo o mundo não tiveram êxito. Dizia-se que a diferença de habilidades pessoais entre os CFOs e os CEOs e a dificuldade de chegar a uma conclusão alinhada ao negócio principal eram a causa do fracasso. Consequentemente, esse cenário com mudanças significativas precisa de líderes com um conjunto específico de habilidades para entender os principais negócios da organização e implantar a estratégia certa para melhorar o desempenho da empresa. Nesses casos os líderes necessitam, além de motivar as equipes, mediar diversos interesses e modos de gestão, fazendo com que suas habilidades ou *soft skill* sejam testadas diariamente.

Embora os líderes devam ter o conjunto certo de habilidades, eles precisam desenvolver suas habilidades de negociação, independentemente da empresa em que ele trabalhará para evitar qualquer tipo de atrito entre os profissionais. Um líder com alta capacidade de negociação possui uma vantagem competitiva para apoiar o plano estratégico da empresa. Existem muitas situações de conflito no local de trabalho que podem ser evitadas usando técnicas de negociação. São exemplos desses conflitos: os pontos de vista divergentes de *"creatives and suits"* nas empresas criativas, os diferentes interesses dos gerentes em implantar novos projetos, as diferentes percepções de valor entre gerações, os problemas de interação pessoal entre trabalhadores de diferentes países, as diferenças na cultura da empresa e habilidades inadequadas dos gerentes em uma empresa, as operações de fusões e aquisições, e os conflitos entre gerentes com diferentes backgrounds.

Como podemos observar, os conflitos nas organizações geram perda de performance, dado que no mundo atual as empresas precisam de executivos que possam tomar decisões rápidas e que os demais colaboradores se engajem na execução da estratégia core da empresa. Assim, executivos em atrito tendem a evitar decisões rápidas, pois muitas vezes essas decisões acabam sendo criticadas por seus pares, podendo trazer sérias consequências à sua permanência como colaborador na empresa. Podemos citar também que a criatividade dos colaboradores acaba sendo cerceada trazendo vários danos à resolução de problemas do dia a dia. Dentro desse quadro a equipe não trabalha unida em prol de um objetivo comum que alavanque a rentabilidade da empresa. Portanto, para que a empresa atinja uma alta performance, os gestores líderes devem ser treinados para que desenvolvam sua capacidade de negociação.

1.5 Matriz de Negociações Complexas (MNC) – o que é e como utilizá-la na resolução dos conflitos

Uma das formas que podem ser utilizadas para o aprendizado da *skill* de negociação, dentro de um contexto de desenvolvimento da habilidade de liderança com foco em Newgotiation, é a Matriz de Negociações Complexas (DUZERT, 2007), que é um modelo qualitativo para classificação de negociações, fundamentado no *Mutual Gains Approach* (MGA) (SUSSKIND; FIELD, 2006), que tem como diferencial o fato de que os atores envolvidos resolvam questões de conflitos tendo como foco a geração de valor na qual todos saem ganhando. Esse método também visa à perenidade do bom relacionamento dentro da empresa. Dessa forma, a empresa cria uma cultura negociadora que tem por objetivo a tomada de decisão em grupo e a governança colaborativa, práticas que facilitam a prevenção de "clash" entre departamentos, como, por exemplo, os clássicos atritos entre o marketing e o financeiro ou entre o jurídico e o comercial, possuem uma vantagem competitiva por não permitir que haja conflitos ocasionados por diferença de interesses entre os diversos silos, fazendo com que todo o time fique focado na estratégia macro da empresa. Cabe ressaltar que o objetivo deste livro não é fazer do leitor um expert em negociação por meio da MNC, mas sim utilizar uma parte de seu ferramental para resolver conflitos do dia a dia, ou seja, os chamados 10 elementos. Mas, para isso, apresentamos um breve resumo dessa estratégia a fim de que o leitor desenvolva um conceito crítico de como se constitui essa estratégia. Assim, apresentamos a seguir como é composta a MNC e a sua utilização.

A MNC é composta de (a) dez elementos, (b) dez formas de negociação e (c) dez indicadores de negociação. Os dez elementos de negociação têm sua atuação e sua distribuição dentre as quatro etapas da negociação (SUSSKIND; FIELD, 1996), a saber: (a) preparação, (b) criação de valor, (c) distribuição de valor e (d) fechamento. No item a seguir, a MNC é descrita em detalhes.

1.5.1 Matriz de Negociações Complexas

A Matriz de Negociações Complexas (MNC) resume o processo de negociação em etapas, elementos, formas de negociação e indicadores de avaliação. Estruturada a partir da abordagem de ganhos mútuos, o foco das negociações é sobre os interesses, não em posições (SPINOLA *et al.*, 2011).

A MNC é um conjunto de estratégias e princípios que permite:

a. Maximizar as chances de buscar os interesses das duas partes.

b. Criar e manter bom relacionamento entre as partes.

Veja a Figura 1, a seguir:

Etapas do Processo de Negociação			
Preparação	Criação de Valor	Distribuição de Valor	Implementação

Elementos	Formas	Indicadores
Contexto	Direta	Satisfação/Racionalidade
Interesses	Agentes	Controle
Opções	Facilitador	Risco
Poder	Mediação	Otimização econômica
Cognição	Diálogo entre múltiplas partes	Ética
Relacionamento	Informais Paralelas	Justiça/Equidade
Concessões	Metamediação	Produtividade
Conformidade legal	Arbitragem	Emoções
Padrões	Judicial	Impacto e sustentabilidade
Tempo	Força (policial ou militar)	Autopoiese/Auto-organização

Figura 1 • Matriz de Negociações Complexas

Fonte: Duzert (2007).

A MNC organiza o processo de negociação em quatro etapas: preparação, criação de valor, distribuição de valor e implementação/ fechamento.

Além das etapas, a metodologia da MNC destaca elementos, formas e indicadores. Veja:

> ▶ **Elementos (10)** fundamentais para a definição e o desenvolvimento do processo de negociação: contexto, interesses, opções, poder, cognição, relacionamento, concessão, conformidade legal, critérios/padrões e tempo.
>
> ▶ **Formas (10)** de se negociar, dependendo do nível de interferência de terceiros até a forma extrema de litígio. A negociação direta é a forma de negociação mais simples, que

não tem interferência de terceiros. A partir daí, à medida que as partes se veem em dificuldades de alcançar um acordo, irão solicitar a ajuda de terceiros (agentes, facilitadores, mediadores, árbitros). Caso o conflito não se encerre, pode-se buscar uma ajuda legal, quando a negociação será decidida por um terceiro, sem qualquer interferência e controle das partes, que deixam de ter a autonomia sobre a decisão (judiciário e policial). Além dessas formas aqui descritas, há ainda as negociações com múltiplas partes (multipartite), as negociações paralelas informais e as metamediações.

▶ **Indicadores (10)** são métricas quantitativas e qualitativas que se deseja alcançar, com sucesso, em uma negociação. São elas: racionalidade e satisfação, risco, otimização econômica, equidade, ética, gestão da identidade e das emoções, produtividade, sustentabilidade e auto-organização.

1.5.2 Etapas do processo de negociação

O processo de negociação tem quatro etapas. Excetuando as etapas de preparação e de implementação/fechamento, as etapas de criação de valor e de distribuição de valor refletem ações de cooperação e de competição, respectivamente.

1ª **Etapa – Preparação**: representada pelo planejamento do processo.

2ª **Etapa – Criação de valor:** nesta etapa os negociadores identificam os interesses (os deles e os dos outros) e elencam as oportunidades (opções) para serem trocadas. Prepondera o espírito cooperativo em busca de opções, de alternativas entre todos os envolvidos.

3ª **Etapa – Distribuição de valor:** depois de reunidas as oportunidades identificadas (opções), são realizadas trocas. Esta é a etapa da negociação propriamente dita, quando os negociadores trocarão suas opções com base em suas estratégias e seus interesses. Neste momento prepondera o espírito competitivo.

4ª Etapa – Implementação e Fechamento: etapa final do processo, quando se encerram as negociações, definem-se as condições de direitos e as obrigações do contrato, e a implementação e o controle/acompanhamento dos acordos firmados são feitos.

1.5.3 Preparação

Esta é a etapa inicial de um processo de negociação. Busca-se obter o máximo de dados e informações a respeito da outra parte. Como obter essas informações? A principal estratégia é perguntar e, principalmente, ouvir sempre, ouvindo muito, "ficando rouco de tanto ouvir".

A preparação para a negociação deve, inicialmente, buscar responder, sobre você e sobre as outras partes, às seguintes perguntas:

- ▶ Qual é a questão que me/nos trouxe a esta reunião?
- ▶ As minhas questões são iguais às questões dos outros negociadores?
- ▶ Qual(ais) o(s) meu(s) interesse(s) nesta negociação? O que desejo alcançar? Quais devem ser os interesses de cada um dos negociadores? O que será que os outros negociadores desejam com esta negociação? Dependendo dos interesses em jogo, o processo de negociação poderá ser diferenciado. Cada uma das partes em um mesmo processo de negociação tem interesses absolutamente distintos uns dos outros. Assim, devemos conhecer esses interesses, para que possamos oferecer a cada uma das partes o que elas desejam, o que dependerá de seus interesses.

- A partir da identificação dos interesses, deve-se traçar cenários de possibilidades e de resultados possíveis.

- Já possuo uma **BATNA** (Best Alternative to a Negotiated Agreement)? (Essa é uma técnica de negociação que responde à pergunta: "O que fazer se tudo der errado e eu não conseguir fechar esse acordo?" A partir deste momento, uma série de ações são possíveis para contornar a situação e mudar o cenário deixando-o favorável ao vendedor.) Se não, devo construir uma; se sim, como posso avaliá-la: forte ou fraca? Será que eu posso melhorá-la para ter mais conforto e ter mais poder nesta negociação? Qual é a BATNA que suponho ser a dos outros negociadores? A BATNA é uma informação estratégica. Há que se avaliar se é interessante expô-la para os demais negociadores ou se é melhor deixá-la sob sigilo.

- Defina seu **Preço Reserva** (representado pelo valor máximo que o comprador está disposto a pagar e pelo valor mínimo que o vendedor está disposto a vender o produto. Esse valor, que não é necessariamente financeiro, não é divulgado pelas partes, sob pena de prejudicar a negociação, pois deixa claro seus limites — fica reservado) e a estratégia da **Ancoragem** (refere-se à oferta inicial, ou seja, a primeira divulgação de preço/valor ou das condições, anunciada por qualquer uma das partes). Você ancorará primeiro ou aguardará a outra parte ancorar. Lembre-se de que quem ancora oferece às outras partes informações sobre sua posição e a negociação transcorrerá a partir dessa informação-base.

- Vejamos como traçar essa estratégia no exemplo abaixo:

Exemplo 1

Imaginamos um apartamento, temos um locador e um locatário. Vamos ver os interesses:

Proprietário

- Preço: aluguel por R$2.500/mês.

- ▶ Relacionamento amigável: inquilino adequado que não vai se mudar em um ano.

- ▶ Não quer risco: proprietário deseja estabilidade, portanto, tem interesse em um contrato com prazo de trinta meses.

- ▶ Tempo de pagamento garantido: um inquilino que tem um emprego estável evitando atrasos no pagamento do aluguel.

- ▶ Proteger a estrutura do apartamento: um inquilino que vá conservar o imóvel.

- ▶ Logística: manter a garagem para estacionar seu segundo carro.

Inquilino

- ▶ Preço: alugar por R$1.500/mês.

- ▶ Relacionamento sustentável: amigável, inquilino não quer locador que peça o imóvel em um ano fazendo com que tenha prejuízos com uma nova mudança.

- ▶ Liberdade: rescindir o contrato no curto prazo caso deseje ir morar em outro apartamento.

- ▶ Decoração: ter a possibilidade de pintar e decorar o apartamento da maneira como o inquilino deseja.

- ▶ Logística: não pagar a garagem, porque o inquilino não tem carro.

Você deve listar seus interesses e ver como eles podem evoluir. A forma da evolução da sua preferência será o nome do jogo da negociação. Mas o ato da negociação não é receber um "sim" a qualquer custo, mas identificar o que é a zona de possível acordo. Por exemplo, se o proprietário quer alugar por R$2.500 e o inquilino por R$1.500, há uma lacuna, uma diferença que reduz a possibilidade de um acordo.

A ZOPA (zona de possível acordo) é:

Comprador/Vendedor					Inquilino/Senhorio

R$1.500		_____		R$2.500

Não há nenhuma maneira de ter uma boa chance de se fazer um acordo se ninguém fizer concessão. Se é um contexto em que há mais procura do que a oferta de apartamentos na cidade, as chances são de que o senhorio terá melhor chance de ter o inquilino desesperado para conseguir o apartamento e fazer concessões. Se o proprietário não tem um plano B, ou um outro inquilino disposto a pagar R$2.500, ele pode encontrar razões para esperar ou fazer uma concessão para R$1.500. Nesse cenário o proprietário espera um inquilino que tenha um plano B, ou seja, outro apartamento disponível por R$1.500, mas não tão agradável como o apartamento de R$2.500. Como William Ury, Roger Fisher e Bruce Patton chamaram a melhor alternativa no processo de negociação, BATNA é o Plano B, o escape para não ter que fazer uma concessão se o proprietário pedir R$2.500, ou se o inquilino só aceitar por R$1.500, BATNA é uma proteção que lhe dá o poder de dizer "não, obrigado". Se tanto o comprador quanto o vendedor têm uma BATNA, ele explica por que apenas 30% das negociações acabam fazendo um acordo. Todo o desafio é para que cada negociador possa melhorar o seu Plano B, por exemplo, para o proprietário ter um inquilino que tem um emprego estável, em vez de um artista de teatro que pode ter que viajar ou que não tem um salário fixo e pode pagar atrasado. Para o inquilino, encontrar um apartamento melhor que o apartamento Plano B por R$1.500, que está longe de seu local de trabalho ou que não é bom olhar. Como podemos ter um negócio se cada uma das partes tem uma BATNA, uma maneira de se recusar a fazer concessões no preço. A única maneira para eles de aumentar a probabilidade de fazer um acordo e não lutar por uma parte fixa entre R$2.500 e R$1.500 é ampliar a apreensão do bolo, tornar uma negociação distributiva em uma negociação integrativa para inventar e adiar o momento de falar sobre o preço quando se trata de falar a respeito do interesse. A etapa de criação de valor é toda sobre a suspensão das críticas, para falar sobre todos os tipos de interesses e, partir deles, definir o preço que será abordado quando a etapa de criação de valor está terminando para entrar na etapa de distribuição de valor. A criação de valor tem tudo a ver com criar o clima, a sensação, o porquê, os interesses mútuos. É tudo sobre a criação de um espírito de conversa exploratória na forma de *brainstorming*, inventando opções.

- ▶ Dessa forma, a partir dos interesses devemos definir as prioridades entre eles. O que desejo em primeiro lugar, em segundo lugar, e assim por diante.
- ▶ Quais são as informações necessárias para que seja possível oferecer à outra parte credibilidade, que pode ser traduzida na definição de padrões e de critérios que sejam aceitos por todos os negociadores. O que a outra parte poderá oferecer para sinalizar confiança que ofereça credibilidade para iniciar uma negociação?
- ▶ Desenvolver e manter um relacionamento é importante em qualquer etapa do processo de negociação. Relacionar-se com pessoas é o maior ativo que se pode ter.
- ▶ Guardar as emoções difíceis e tratar de transformá-las em ativos.
- ▶ Ativar a percepção, a partir de detalhes da linguagem corporal e verbal.

▶ Reduzir os gaps perceptivos. Estamos todos compreendendo a mesma coisa? Todas as partes têm o mesmo entendimento, os mesmos conceitos? Estamos falando a mesma linguagem? Há necessidade de se alinhar essa compreensão. Diversas vezes o conflito ocorre muito antes da negociação, não só pela questão em si, mas pela interpretação que cada um faz antecipadamente das palavras, das situações, dos conceitos etc. A maior barreira é o pré-conceito (algo que antecede o real conceito).

▶ Será fundamental estabelecer as bases da confiança e da credibilidade, que são fruto do relacionamento inicial estabelecido, da identificação de fontes fidedignas e que sejam da confiança de ambas as partes.

▶ Percepção do ambiente: buscar perceber o ambiente, verificar o clima (pesado ou leve), as emoções que perpassam as pessoas. Deve-se ficar atento, perceber para além das palavras, perceber o gestual, a ostentação do ambiente etc.

1.5.4 Criação de valor

Significa inventar soluções que sejam vantajosas e que permitam expandir o conjunto de opções, de benefícios mútuos viáveis para ambas as partes. Deve-se estar com o pensamento livre. Tudo é possível de ser pensado, todas as ideias podem e devem aflorar, sem censura, sem pré-concebimentos. Deve-se evitar a racionalidade limitada, permita-se "pensar fora da caixa".

Assim, criar valor é fazer um exercício de descobrir, inventar, criar e pensar, fazendo um *brainstorming* (tempestade de ideias) em inúmeras opções. Elencadas as ideias (opções), defina as prioridades para poder oferecê-las estrategicamente.

Para facilitar a criação de valor, deve-se:

- Perceber as emoções que estão dominando cada uma das partes e o ambiente.
- Relacionar-se com a outra parte (e muito).
- Não confrontar e sim somar esforços.
- Reduzir a tensão no ambiente.
- Definir objetivos em conjunto e usar processos colaborativos, por isso esta é uma etapa de cooperação.
- Obter a concordância para prosseguir, usar processos colaborativos, quebrar barreiras e achar soluções.
- Apresentar ao outro negociador suas demandas e suas expectativas de forma estratégica.
- Suspender as críticas, quebrar barreiras e buscar soluções. Pensar "fora da caixa", sem racionalidade limitada.
- Analisar a estrutura de poder. Você se sente mais forte que a outra parte?
- Separar as pessoas dos problemas. Um "não" dito a uma proposta é um "não" à proposta, não é um "não" dito à pessoa. O relacionamento permanece estável, mas a proposta não agradou. Não se deve personalizar.
- Concentrar-se nos **interesses** (o que o outro de fato quer) e não nas **posições** (o que o outro fala).
- Inventar opções de ganhos múltiplos.
- Insistir em critérios objetivos.
- Permitir que as ideias fluam, até as mais malucas possíveis. Não restrinja nenhum pensamento, não critique antecipadamente. Deixe para a etapa seguinte o trabalho de adequar as ideias à legislação, às possibilidades reais de exequibilidade. Cada ideia conduz a uma nova ideia, a um novo pensamento e daí encontra-se a riqueza do processo. Quanto

mais livres formos na criação de valor, mais possibilidades de acordos ganha-ganha e maior a satisfação com os resultados alcançados.

Em resumo, como criar valor?

1. Cultive confiança e compartilhe informações, o que pode ser realizado com uma "busca conjunta de dados".
2. Faça perguntas para identificar desejos, medos, necessidades, preferências e posições.
3. Revele informações estrategicamente.
4. Faça múltiplas ofertas simultaneamente.

1.5.5 Distribuição de valor

Significa escolher as opções geradas na etapa de criação de valor, oferecê-las de acordo com a sua estratégia e a estratégia que você percebe das outras partes. As opções serão então trocadas, de comum acordo entre as partes. A escolha e a troca de opções entre as partes constitui, verdadeiramente, o processo de negociação. Nesta etapa, as partes fazem concessões, maiores ou menores, em função dos interesses e da BATNA (URY *et al.*, 2014) de cada um. Lembramos que a BATNA é um instrumento de poder e, quanto mais forte ela for, menores serão as concessões para a aceitação das opções.

Enquanto na etapa da criação de valor prevaleceu a cooperação, a busca conjunta de dados, o estabelecimento do relacionamento e da confiança, nesta etapa da **distribuição de valor** prevalecerá a competição, a estratégia para oferecer às outras partes as opções colecionadas na etapa da criação de valor.

Na troca das opções, deve-se traçar uma estratégia que consiste em priorizar as opções para trocá-las pouco a pouco, cada uma a seu tempo, dependendo da estratégia definida.

A fim de que a etapa da distribuição de valor transcorra naturalmente, sem sobressaltos, sem desconfianças, sem sentimento de que se está sendo ludibriado, será fundamental que o relacionamento e a confiança estejam bem alicerçados. Acredita-se, dessa forma, que todos farão a jogada combinada, que honrarão os compromissos, cabendo nesta etapa a inserção de critérios e de padrões (definidos na criação de valor) para as trocas, bem como para o acompanhamento e o controle da execução do acordo firmado.

Tem-se como exemplo, na área financeira, a negociação de formas de pagamento, prazos, composição dos valores e, também, de preços, pois todas essas variáveis são dependentes umas das outras. Você pode definir um valor um pouco mais alto, porém ofereça a concessão de maiores prazos para pagamento.

Desenhe acordos que envolvam as partes nos resultados, isto é, quando as partes estão envolvidas no resultado, todos farão esforços para que os termos sejam cumpridos. Todas as partes se esforçarão para obter os melhores resultados.

Na etapa de distribuição de valor, deve-se também negociar os prazos de execução, penalidades, direitos, obrigações, enfim, todas as condições que deverão constar no contrato a ser firmado.

Deve-se, ainda, alinhar a compreensão do que está sendo negociado, lembrando que cada uma das partes possui diferentes percepções da realidade; evitar os riscos associados ao víes de julgamento; ouvir ativamente, fazer anotações, validar os acordos;

perceber o gestual da outra parte e interpretá-los; além de separar as pessoas dos problemas.

1.5.6 Implementação/Fechamento

Uma vez definidos os termos finais da negociação, as ações desta etapa consistem em validar e acompanhar os acordos alcançados, de forma que nenhuma das partes precise se preocupar com a violação dos resultados alcançados. Deverão ser realizados acordos de monitoramento da execução da negociação; definição de incentivos organizacionais e controles; e trabalhar para a manutenção do relacionamento. Há uma clara associação entre as etapas e os elementos do processo de negociação, conforme pode ser observado na Figura 2, a seguir:

Elementos	Preparação	Criação de Valor	Distribuição de Valor	Implementação de Valor
Contexto	X			
Interesses	X	X		
Opções	X	X		
Poder	X	X	X	
Cognição	X	X	X	X
Relacionamento	X	X	X	X
Concessão			X	
Conformidade	X			X
Critérios/Padrões	X		X	X
Tempo	X			X

Figura 2 • Etapas e elementos do processo de negociação

Fonte: Duzert (2007).

A MNC distinguiu estes dez elementos: **contexto, interesses, opções, poder, cognição, relacionamento, concessão, conformidade legal, critérios/padrões** e **tempo**. Cada um desses elementos está associado às diferentes etapas do processo de negociação. E, sendo um processo, não há rigidez nem regra para a adoção dos elementos ao longo das etapas.

1.6 Elementos do processo de negociação

1.6.1 Cognição

O elemento cognição ou comunicação tem a ver com a percepção dos envolvidos em uma negociação a respeito do que é bom para A e o que é bom para B. Qual é a percepção do valor justo? Qual é a percepção do problema que estamos negociando? Qual é a percepção do risco, da racionalidade, do entendimento? Qual é a percepção com relação a um lugar comum que pode ser fator decisivo para se chegar a um domínio de consenso, pois muitas vezes ocorre um mal entendimento que pode criar conflito interpessoal. Na verdade, esse problema é apenas um problema de pedagogia, de explicação de etimologia.

Cognição também é considerado um processo de conhecimento baseado em informações do meio em que vivemos e o que está registrado na nossa memória. Todo esse processo envolve: atenção, percepção, raciocínio, juízo, imaginação, pensamento e linguagem.

A tomada de decisão reflete processos cognitivos e motivacionais que dependem da forma pela qual interpretamos as informações, avaliamos os riscos, estabelecemos as prioridades e vivenciamos os sentimentos de perdas e de ganhos.

Os comportamentos são analisados a partir de escolhas apoiadas em julgamentos e avaliações sobre a própria situação no processo de negociação. Muitas vezes, tomamos decisões que são inconsistentes com os nossos interesses de longo prazo, por causa de motivações temporárias ou para perseguir metas alternativas. Para tomarmos decisão levamos em consideração:

- As informações de que dispomos sobre a situação.
- A análise do comportamento da outra parte.
- A predição sobre o que acontecerá.
- A avaliação das potenciais consequências.

Por meio de seu cérebro, o ser humano está permanentemente aprendendo e revendo posições. O processo de permanente organização, atualização, rescisão e reanálise empreendido pelo cérebro apresenta uma semelhança necessária com o processo de negociação, principalmente em suas etapas de preparação e de criação de valor.

Os negociadores revisam e atualizam seus interesses acrescentando novas informações, que vão frequentemente se modificando para fazer frente à condução do processo de negociação com o objetivo de ganhos mútuos.

Modelo cognitivo

Existe uma tendência de nos prendermos a uma única interpretação, principalmente se ela for negativa, e resistirmos às outras.

Nosso sistema de raciocínio às vezes se engana:

- **Abstração seletiva**: escolhemos o que enxergar e o que ouvir; descartamos e não prestamos atenção quando queremos.
- **Supergeneralização**: ao ocorrer determinada ação, generalizamos ao comunicar que está ocorrendo "com todo mundo" ou que acontece "em todos os lugares" etc.
- **Maximização ou minimização**: tendemos a amplificar ou reduzir as ocorrências. Por exemplo, duas pessoas portavam determinado objeto. Tendemos a dizer que vimos "muitas pessoas" ou que "quase ninguém" etc.
- **Pensamento dicotômico**: nosso pensamento oscila entre o sim e o não, entre o desejo e não desejo. Temos altos e baixos.
- **Personalização**: quando uma pessoa está fazendo um comentário, temos a tendência de achar que ela está fazendo referência a nós mesmos e não a uma outra pessoa. É imprescindível que separemos as pessoas dos problemas. Por exemplo: quando negamos uma proposta, estamos negando uma proposta e não a pessoa em si.

Percepção da realidade

O nosso cérebro cria uma realidade, porém existe uma limitação sobre o que somos capazes de ver e de perceber (KLEIN, 2013). Devemos buscar conhecer quais as informações que os outros negociadores/indivíduos têm sobre um mesmo objeto.

Por exemplo: duas pessoas assistiram a um mesmo filme. É possível que algumas cenas tenham passado desapercebidas por uma das pessoas, ou que um detalhe não tenha sido visto, enfim, cada indivíduo pode depreender a mesma informação de diferentes formas.

Assim, o elemento cognição trata do conhecimento e do alinhamento das diferentes compreensões sobre o assunto em pauta, sobre o significado das palavras, ou seja, trata de reduzir o *gap* de percepção das partes sobre uma mesma questão.

> William Ury, em seu livro *Como Chegar ao Sim,* faz uso desse elemento para conseguir bons acordos, porém devemos observar os seguintes fatores que são a peça-chave de uma estratégia negocial:
> » *"Put their shoes"*: enxergar sob a perspectiva do outro e entender os interesses do outro lado.
> » *"Go to the balcony"*: um lugar de perspectiva no qual você pode ver a situação como se estivesse de fora dela.
> » *"Golden Bridge"*: uma solução audaciosa ao imaginar e escrever o discurso de vitória da contraparte, como parte da estratégia para fechar uma negociação.
> » *"Third side"*: a comunidade circundante que pode ser mobilizada para ajudar as partes a chegarem ao sim.

Em resumo, Willian Ury diz que é necessário você negociar consigo mesmo. No caso, com meu lado e com o *"third side"*, que são todos os stakeholders envolvidos no processo, ou seja, aqueles que se beneficiarão dos resultados da negociação, mas não estão a sua mesa.

1.6.2 Contexto/Ambiente

O contexto é representado pelos ambientes externo e interno, onde se desenvolve o processo de negociação, que podem ser mapeados por meio da identificação do clima organizacional e das emoções que envolvem a todos no ambiente, e faz-se necessária a intervenção de um mediador. Esse mediador pode ser um negociador caso as partes não sigam a um acordo, ou um advogado, um juiz, uma câmara de arbitragem; em suma, podemos afirmar que depende muito do clima emocional e do teor do conflito. Dentro desse ambiente podemos ter os contextos econômico, social, político, de negociação salarial, trabalhista, ambiental, comercial, de compra, enfim, vários são os contextos que poderíamos citar aqui. Assim, o negociador deve desenvolver uma visão holística do processo, que lhe permita identificar as posições, o status e os perfis das partes, que servirão de subsídio para a definição da estratégia a ser adotada. Dentro de determinado contexto temos dois ambientes:

Ambiente externo: cenários político, econômico, social, ambiental, cultural, religioso, comercial, dentre outros (visão macro).

Ambiente interno: condições do seu entorno próximo, relacionamento, estresse, ambiente organizacional etc. (visão micro).

Ao negociador cabe tirar uma "foto" de todo ambiente disponível que servirá de base para as reflexões e para facilitar a identificação das opções. Como o ambiente é dinâmico, há necessidade de se ficar atento à percepção, à intuição e à cognição, de forma que se tenha um mapa, o mais fiel e atual possível, que permita balizar posicionamentos e abordagens.

1.6.3 Interesses

Quando consideramos os interesses em uma negociação estamos pensando nos resultados que desejamos obter. Ou seja, quais são os seus desejos, suas preferências e suas necessidades reais na negociação? Quais são os interesses da outra parte? O que é negociável ou inegociável? Os interesses podem ser de origem financeira, logística, de estratégia de marketing, tamanho de orçamento, salarial, política etc.

Para atingir resultados que gerem valor para ambas as partes deve-se superar emoções, intempestividades, preocupações, medos, desejos, necessidades e esperanças. As pessoas têm seus próprios interesses e eles variam em função de determinado contexto.

Interesses são valores subjacentes às posições e constituem as razões pelas quais são estabelecidas as posições e as exigências. Quais são os motivos, os desejos, que estão por trás dos pedidos e das posições? A definição dos interesses conduzirá a negociação.

Para fazer um planejamento de negociação devemos colocar várias perguntas para criar um roteiro no qual o negociador possa buscar passo a passo a resolução de conflitos.

Podemos citar aqui alguns questionamentos que devemos fazer para construir um roteiro de negociação: por que estamos aqui negociando? O que eu desejo da outra parte? O que a outra parte deseja de mim? Como procederíamos se estivéssemos no lugar deles? Existem stakeholders envolvidos (SUSSKIND *et al.*, 2008)? Com quais os interesses devemos nos preocupar? Quais são os interesses compartilhados? Quais interesses são diferentes? Quais interesses são conflitantes? O que você busca atingir nesta negociação? Essas questões deverão levar a uma satisfação dos interesses para que o acordo seja durável.

Dentro desse contexto podemos afirmar que uma análise criteriosa dos interesses pode desvendar a existência de uma quantidade muito maior de interesses comuns ou compatíveis, do que de interesses antagônicos. As partes devem procurar ser amigáveis, ter bom relacionamento, de modo a construir um clima que facilite a abordagem do problema, a busca de uma solução conjunta, que proporcionará o melhor resultado para todos os envolvidos.

Exemplo:
Em uma organização, no momento da definição do orçamento das áreas jurídica, comercial, marketing, recursos humanos, finanças e logística, ocorrem conflitos, ou seja, há uma disputa de poder. Pois a área que receber mais recursos acaba tendo mais poder; e a que receber um pedaço menor do orçamento pode ter menos poder. O CEO deve definir com a diretoria uma política de prioridades e quais interesses são estratégicos para esse ano, o que definirá os percentuais de aumentos no orçamento de cada área. Neste exemplo, o CEO passa a ser o mediador do conflito e, por meio da negociação, faz com que as partes envolvidas enxerguem o valor criado para a empresa e não somente para seu departamento.

Para que os resultados sejam alcançados, deve-se proceder às seguintes ações específicas:

- ▶ Concentrar-se em interesses e não em posições.
- ▶ Comunicar nossos interesses (talvez não sua intensidade).
- ▶ Perguntar sobre os interesses deles.

Há diferenças entre preferência, desejo e necessidade. A preferência está ligada à prioridade que será definida para os diferentes interesses existentes em uma negociação. A intensidade das necessidades definirá o poder de barganha; quanto maior a necessidade, menor o poder de barganha e maiores as concessões. O desejo está associado à utopia, o que eu desejaria, o que as outras partes desejariam; seria a condição ótima.

Cada estratégia, e cada decisão, têm seu próprio custo e benefício, que devem ser analisados para obter a estratégia com o maior benefício. Há interesses que são negociáveis e outros não negociáveis, definidos pelos princípios; há limites para os interesses que são os padrões de comportamento, critérios éticos, critérios morais.

1.6.4 Opções

As **Opções** em negociação se referem ao pacote de negociação. Cabe ressaltar que as opções não são alternativas fora do negócio, elas se apresentam dentro do pacote do contrato. Elas são consideradas como as possibilidades que cada uma das partes/atores/negociadores possui, a partir do conhecimento dos interesses da outra parte e que poderão ser utilizadas nas trocas. As opções enriquecem a negociação, aumentam o "tamanho da torta". Quanto mais opções, maiores as possibilidades de troca, mais "rico" se tornará o acordo.

Enriquecer o resultado da negociação depende de criar oportunidades que agreguem valor e que a complementem.

Essas oportunidades podem ser criadas por meio de um estudo de alternativas, através da liberdade de pensamento, pois não representam qualquer compromisso, são simplesmente ideias livres. Quanto mais opções existirem, mais poder se tem na negociação, pois você passa a ter mais oportunidades a serem trocadas, ampliando assim as possibilidades de ganhos-mútuos (URY, 2014).

1.6.5 Padrão/Critérios

Existem diferentes tipos de padrão. O padrão do mercado financeiro, o padrão de normas sociais, o padrão de segurança, o padrão de comportamento, o padrão de costumes, o padrão de normas de compliance, definindo o que é permitido e o que não é permitido dentro do sistema etc.

Os padrões são cada vez mais utilizados para trazer mais objetividade e ajudar na persuasão. O padrão dá legitimidade a uma decisão. Eles também podem ser utilizados para estabelecer/definir parâmetros que sejam aceitos e que todas as partes envolvidas confiem. Conflitos de interesses ocorrem quando não se encontram padrões que satisfaçam as duas partes.

Definir padrões ou critérios é fundamental para qualquer negociação. Existe um ditado que diz "o que foi combinado (quando se tem regras) não sai caro".

Qualquer organização tem um estatuto ou um regimento que define sua operação e um código de conduta com o qual todos devem concordar ao integrarem a organização. A economia tem como métricas, índices e indicadores; e os bens e serviços são produzidos de acordo com padrões de qualidade previamente estabelecidos.

Tudo isso está associado com a conciliação e com a liberdade de opções dentro dos padrões, sejam técnicos, ou de produtos. Por exemplo, a ANEEL definiu padrões para as tomadas de dois ou três buracos (esse é um padrão). O padrão permite a conciliação técnica, cultural, e até mesmo de comportamento, dos costumes, facilitando o alinhamento entre as pessoas na busca da conciliação.

1.6.6 Tempo

O **Tempo** é um elemento crítico num processo de negociação. Ou seja, um negociador quer longo prazo, outro quer curto prazo. Ou, ainda, quando há muitas incertezas no presente, qual o tamanho da contingência que deve ser criada para minimizar os riscos? Há uma garantia de que determinadas condições o acordo prevalecerá; se as condições não se configurarem, partes do acordo, vinculados a essas condições, estão cobertos pelo contrato e não sofrerão qualquer punição. Uma parte ganhou uma garantia no presente, se futuras condições ocorrerem.

O tempo também está ligado à questão da velocidade do processo dos atores envolvidos na negociação como o departamento jurídico, o departamento financeiro, o departamento comercial, enfim, cada um tem a sua velocidade que em uma negociação bem-feita deve ser criada uma harmonia entre os envolvidos para que o serviço flua e seja criado valor.

A velocidade com que um processo de negociação se desenvolve é um fator que pode gerar decepção nos negociadores. Quando a negociação se desenvolve ou termina rápido demais, os participantes tendem a ficar insatisfeitos, especulando que poderiam ter dispendido mais tempo negociando ou pressionando para obter melhores resultados (TRUMP, 2016). Também, se o processo de negociação for muito lento, cria uma sensação de desestímulo, de desinteresse, que pode contaminar o resultado da negociação. Ou seja, o tempo justo sempre deve ser buscado em uma negociação.

O **tempo** é um elemento que pode ser utilizado estrategicamente ao:

- ▶ Retardar ou acelerar o processo.
- ▶ Desvalorizar a outra parte, deixando-a esperando.
- ▶ Afetar as emoções, as expectativas e a conquista dos interesses.

Fazer uma breve interrupção pode ter o sentido de acalmar as partes, de distensionar o ambiente, de gerar distância do problema em busca de solução. Por outro lado, poderá também gerar mais ansiedade, o que tem um efeito negativo para quem ficou ansioso.

Conforme apresentado por Fisher *et al.* (1994), *"quanto mais extremadas as posições iniciais e menores as concessões, maiores serão o tempo e o esforço dispendidos para descobrir se o acordo é ou não possível"*.

Exemplo:
No caso das relações comerciais Brasil-China, os brasileiros se caracterizam por possuir uma abordagem mais pragmática, voltada para o problema e visando a resultados rápidos, enquanto os chineses se preocupam mais com o relacionamento entre as partes, com a aquisição da confiança e com um estudo prévio do caso negociado.

Portanto, os brasileiros devem se preparar para despender mais tempo na etapa de preparação e criação de valor, analisando interesses e desenvolvendo opções.

▌ Alguns exemplos do elemento tempo são:

As **Questões** devem ser feitas pelos negociadores envolvidos com o intuito de dimensionar o planejamento e o desenvolvimento das negociações:

- ▶ Quanto tempo se dispõe para preparar uma negociação e para negociar?
- ▶ O tempo que uma das partes dispõe é semelhante ao tempo disponível pela outra parte?
- ▶ A falta de tempo pode facilitar a quebra de um impasse? Ou poderia inviabilizar o melhor resultado de uma negociação?

Um **bom resultado** pode ser atingido por meio de:

- ▶ Contratos contingenciais vinculando uma ação a outra ação.
- ▶ Avaliação da produtividade das negociações que representa tempo e dinheiro.
- ▶ Percepção de risco (atritos, pânico e impressão negativa) difere quando as partes dispõem de diferentes tempos.
- ▶ A demora no julgamento das ações junto ao Judiciário tem um custo muito alto.

A definição de um tempo limite (*deadline*) obriga as partes a convergirem a um resultado de acordo. Há riscos envolvidos: atritos, pânico e impressão negativa. Uma negociação sem prazo, apesar de permitir mais tempo para a criação de valor, permite aumentar benefícios mútuos. Muitas vezes é importante ir devagar para ir rápido, devagar para conseguir melhores resultados, consertar todas as partes para não haver necessidade de reengenharia e reajuste no futuro.

Podemos exemplificar a dificuldade de conciliar o tempo na cozinha de um restaurante onde pratos com diferentes cozimentos solicitados por cinco clientes em uma mesma mesa devem sair todos juntos, de forma equilibrada e correta para os clientes. De forma análoga, uma das grandes dificuldades em negociação é conciliar o *timing* das pessoas, a sincronização e a percepção da velocidade.

1.6.7 Concessão

Concessão é uma forma de transformar as opções de resolução de um conflito em valor para os envolvidos na negociação. Podemos também definir concessão como a oferta à outra parte de algo de que dispomos e que seja de interesse dela. A concessão não significa perder poder. A concessão não significa fraqueza, mas pode ser um facilitador para o fechamento de um acordo, caso haja uma reciprocidade de concessão. O elemento concessão refere-se ao comprometimento das partes, uma formulação de compromisso, reciprocidade.

Para compreender o significado de concessão podemos fazer as seguintes perguntas: o que é conceder? Concessão significa perder? Concessão está associada à reciprocidade? Conceder é tornar-se refém? Conceder é submeter-se? Conceder é perder o poder?

Concessão consiste em:

- ▶ Comprometimento das partes.
- ▶ Formulação de compromisso
- ▶ Reciprocidade.
- ▶ Colocar-se no lugar do outro (empatia).

Em uma negociação é necessário que a contraparte tenha algo desejável e que nossos próprios objetivos sejam atingidos ao ofertarmos algo em troca. Quando duas partes querem negociar significa que há um interesse mútuo.

A concessão pode ter relação com a ancoragem. Se a âncora for muito distante do que poderá ser acordado, significa que há uma amplitude grande para se fazer concessões. Nesse caso, se a amplitude da concessão for muito grande, a diferença poderá representar desconfiança. Ancorar com agressividade excessiva pode levar o outro lado a concluir que é impossível entrar em um acordo; ou o outro lado poderá sentir-se insultado com a oferta.

Grandes concessões podem ser interpretadas como indício de uma significativa flexibilidade adicional e o outro lado pensará que você poderá voltar a ceder muito. Um movimento menor poderá significar que a oferta está próxima do preço, e as concessões, nesse ponto, serão cada vez menores. Não se deve ceder ao impulso de fazer concessões.

As concessões poderão ser menores:

- ▶ Se a BATNA for forte e não houver pressa (TEMPO).
- ▶ Se puderem surgir novos interessados (players).

Desvalorização reativa

Muitas vezes uma proposta ou ofertas sugeridas pela outra parte tendem a ser desvalorizadas pelo negociador. Uma característica dos negociadores é de menosprezar a capacidade cognitiva da outra parte, interpretando, muitas vezes erroneamente, as concessões oferecidas.

O valor de uma ideia não depende da ideia em si, mas do indivíduo que a apresenta. Vejamos o exemplo de uma pesquisa desenvolvida em Stanford, conforme apresentado por Bazerman (2004):

> Três grupos de alunos foram apresentados a duas estratégias (A e B) sobre o *apartheid*. Foi solicitado que cada grupo escolhesse uma das duas estratégias.
>
> Ao primeiro grupo informaram que a estratégia A foi a preferida do Conselho Stanford. O resultado da pesquisa indicou que os alunos escolheram a estratégia B (contrária à preferida pelo Conselho).
>
> Ao segundo grupo informaram que a estratégia B foi a preferida do Conselho Stanford. O resultado da pesquisa indicou que os alunos escolheram a estratégia A (contrária à preferida pelo Conselho).
>
> Ao terceiro grupo nada foi dito. O resultado da pesquisa indicou que 50% dos alunos escolheram a estratégia A e 50% escolheram a estratégia B.
>
> (Adaptado de Bazerman (2004).

Conclusão: Quanto maior for o desejo de "impor-se sobre o outro", maior o risco de ser bloqueado/contrariado por ele. Quanto mais nos preocupamos com as "nossas" proposições, mais nos arriscamos a ver nenhuma delas acatada pelo outro.

Excesso de confiança e dificuldade de conceder

O negociador que tem confiança excessiva, muitas vezes com o perfil de dono da verdade, acredita que sabe tudo, e o que o outro deveria fazer. Caso claro de um negociador que superestima sua performance.

Como isso se manifesta?

- ▶ Reflexos acusatórios (pessoas): a culpa é sempre do outro, que deve admiti-la, mesmo que para isso o relacionamento fique prejudicado. Gera tensão.
- ▶ Reflexos posicionais (problemas): "Existe apenas uma solução e é a minha." Há uma falta de consideração pelos desejos dos outros.
- ▶ Colocar-se como líder no que tange ao processo: "Sei mais do que os outros e devo decidir o desenrolar da negociação."

Quando há um excesso de confiança por parte de um ou mais negociadores pode haver comportamentos intransigentes, criação de menores concessões e acordos não colaborativos das negociações. O excesso de confiança de outra forma pode trazer benefícios em algumas situações, como "se garantir" a se aventurar em empreendimentos ou a inspirar respeito e confiança nos outros. Mas o excesso de confiança também conduz a um posicionamento arrogante que gera uma barreira, muitas vezes intransponível, para a tomada de decisões profissionais efetivas. Esse cenário é muito comum quando se negocia com pessoas arrogantes, que tenham um ego inflado.

No elemento concessão há também a ideia de doação, mas uma doação que não tem custo, como, por exemplo, o ensinamento de algum assunto. Nesse caso o interlocutor doa sua sabedoria, que para ele não tem custo. A noção de doar vem com a concessão, pode ser um sacrifício se for unilateral. Quando associada a uma causa maior está associada a uma generosidade. Não fazer concessões pode estar ligado à falta de opções.

1.6.8 Relacionamento

O relacionamento vem mostrar o componente das emoções do seu interlocutor — como, por exemplo, raiva, euforia, medo — e as identidades como *gaps* culturais, empatia entre as pessoas, se a pessoa é mais propensa ao risco ou não, se é autoritária, controladora, facilitadora ou visionária. Dessa forma, o negociador deve procurar afinidades para que seja buscado um "lugar comum" entre as partes e assim a negociação comece a fluir. Podemos afirmar que qualquer negociação, tendo acordo ou não, tem sempre o objetivo de manter o relacionamento em boas condições. Um bom relacionamento é vital para o sucesso da negociação. Não é preciso que as partes gostem umas das outras, nem que tenham os mesmos interesses; devem prevalecer o respeito e a integridade.

Em uma negociação as partes conversam muito entre si, sobre diversos assuntos, que as ajudam a se conhecer melhor. Pesquisas indicam que cerca de 95% do tempo da negociação (criam-se laços, credibilidade, confiança) são despendidos com essa conversa e a negociação, propriamente dita só ocorre ao longo dos 5% do tempo (em geral ao final da negociação). Trata-se de um investimento realizado no tempo e que traz ótimos resultados.

Devemos pensar sempre em manter um bom relacionamento em uma negociação. Conforme a negociação se aproxima dos parâmetros satisfatórios para um acordo final, sinalize. Se o seu interlocutor não tiver autoridade final, reserve um espaço de manobra nos termos finais.

Um bom relacionamento e a construção de um ambiente amistoso facilitam a troca de informações, a identificação de interesses, a criação de valor, de opções e de alternativas. Lembrem-se de que um bom relacionamento antecede o negócio.

Na etapa de criação de valor deve-se privilegiar a análise da situação e das pessoas, ser afável, partilhar preocupações, sugerir soluções, respeitar as diferenças, dar espaço aos outros e elogiar. O elogio derruba barreiras e faz com que a outra parte fique mais aberta a ouvi-lo e a barganhar no ganha/ganha (SUSSKIND; MOVIUS, 2009).

Durante a etapa da distribuição de valor as tensões costumam ser maiores e mais intensas, desgastando bastante o relacionamento e alterando o comportamento dos participantes. A conclusão dos acordos e a satisfação com os resultados obtidos podem estar diretamente ligadas à qualidade do relacionamento entre as partes.

Em síntese, um relacionamento sólido cria confiança e as partes trocam informações mais livremente. Os acordos tornam-se mais criativos e geram mais valor criando uma disposição para os envolvidos trabalharem juntos.

Para manter o equilíbrio no relacionamento devemos:

- ▶ Criar confiança com palavras e atos em harmonia. Não assumir compromissos que não possam ser cumpridos; reconheça e respeite os interesses fundamentais da outra parte.
- ▶ Comunicar seus interesses, recursos e preocupações às outras partes.
- ▶ Reconhecer e enfrentar rapidamente os erros que são inevitáveis.
- ▶ Solicitar um feedback. Não suponha o que a outra parte esteja pensando, tome a iniciativa de trazer o problema à tona. Pergunte: "Tudo está acontecendo conforme o esperado?"

Agindo dessa forma você criará um ambiente onde prevalecerá um bom relacionamento, aumentando as chances de um acordo que crie valor para ambas as partes.

1.6.9 Poder

O poder pode indicar influência, persuasão, como forçar, seduzir e ter carisma. O poder por si só ajuda a resolver um conflito de forma racional, com geração de valor. Nesse caso, por exemplo, uma das partes pode ceder para que não perca o negócio, porém, assumindo riscos elevados que podem até gerar uma ameaça para a continuação de determinado negócio.

Sempre que existir uma assimetria de poder em uma negociação a tendência é se buscar um equilíbrio. De que forma? Nas negociações multipartites você busca possibilidades de fazer coalizões e definir uma BATNA. Quanto mais interessante e forte for a BATNA, mais poder você terá na negociação. No caso de se possuir uma BATNA fraca, há o risco de se tornar "refém" da outra parte no processo de negociação. Há também elementos vinculados às "aparências de poder" (deixar a outra parte esperando, se fazer de importante, ostentar símbolos de poder etc.), que fazem com que a outra parte se sinta diminuída, levando-a a fazer um acordo ruim para ela e ótimo para o "poderoso". Há também o poder psicológico representado por manipulações (ameaças), até mesmo quando há uma aparente falta de poder. O poder não tem valor, a menos que você o utilize para obter uma vantagem. O poder não é ruim, mas abusar dele é ruim.

Negociadores poderosos tendem a fazer a primeira oferta (ancorar). Os negociadores poderosos são mais persistentes, custam a concordar quando confrontados com obstáculos e tendo suas metas mais agressivas. Caso percebam que vão ganhar algo, raramente aceitam um impasse. Sua assertividade não só produz ganhos, mas lhes permite descobrir mútuos benefícios que podem ser trocados, trazendo vantagens para as duas partes.

O fato é que o poder existe e é comumente utilizado em negociações, porém o mundo vem mudando e, assim, potências hegemônicas como Estados Unidos, Alemanha, França e Inglaterra lidam cada vez mais com limitações em sua atuação. Da mesma forma, grandes corporações enfrentam hoje uma crescente ameaça dos pequenos empreendimentos. Na realidade o poder, na política ou nos negócios, está se tornando a cada dia mais fragmentado. O poder está cada vez mais submisso à governança corporativa, ou à governança colaborativa, onde existe a necessidade de fazer concessões, evitando decisões unilaterais que possam trazer algum arrependimento futuro de alguns dos envolvidos no processo de negociação.

Táticas de negociação

É importante conhecer as diversas táticas utilizadas em muitos processos de negociação para não ser apanhado de surpresa. Conhecê-las facilita desarmá-las e neutralizá-las. Apresentamos a seguir as principais táticas que você deve ter em mente para entrar numa negociação, lembrando que antes de negociar você deve ter um plano bem estruturado para que seu objetivo seja alcançado.

O gentil e o mau (*good cop and bad cop*)

Dois agentes conduzem a conversa com um terceiro. Um dos agentes desempenha o papel de gentil, paciente, educado, compreensivo, buscando empatia com a outra parte e tentando controlar o agente agressivo; o outro agente desempenha o papel de mau, sendo agressivo, não conciliador, rígido e muito crítico com o seu par (colega).

O agente que faz o papel de mau abandona a negociação, para pressionar, demonstrando desinteresse, de forma que o terceiro fique face a face com o agente gentil, que aproveita a oportunidade da ausência do agente mau para propor um acordo.

Ducha escocesa

Um agente apresenta-se a um interlocutor desempenhando dois papéis simultaneamente e intercalados. Em um momento apresenta-se agressivo, imprevisível e irritado; em seguida, esse mesmo agente mostra-se também aberto e compreensivo.

A imprevisibilidade tem como objetivo desestabilizar e fragilizar o interlocutor. Essa técnica é utilizada para negociações de longo prazo, quando o agente pressiona, apresenta opções pesadas e age estressando o interlocutor. Em seguida, o agente apresenta uma opção mais leve e de seu interesse. Comparativamente, a opção mais leve, diante das opções pesadas e anteriores, será a melhor. Conhecemos essa tática pela expressão "morde e assopra".

Cortina de fumaça

Uma das partes esconde o verdadeiro objetivo de seus interesses, não deixa transparecer sua demanda e ainda formula demandas que não tenham relação com o verdadeiro desejo. Dessa forma, ela cria uma "nuvem de fumaça", mudando o foco da questão principal para uma questão secundária. Ela cansa o interlocutor com as questões secundárias e, posteriormente, já no final, apresenta sua real demanda. Sendo esta real demanda apresentada no final, depois de já se terem sido aceitas ou rejeitadas as questões "secundárias" pela outra parte, lança-se a real demanda fazendo-a parecer como uma concessão, aumentando as chances de aceitação, que se dará por culpa de já ter rejeitado inúmeras questões, ou por já ter aceitado muitas questões "secundárias", chegando ao momento de conceder à outra parte uma demanda.

Deve-se conhecer bem o interlocutor, as reações, os egos, as expectativas para antecipar as reações. Essa tática foi muito utilizada durante a Guerra Fria por russos e norte-americanos.

Exemplo:

Uma indústria têxtil (IT) deseja exclusividade de uma tinta para seus tecidos. E há uma negociação com um fornecedor de tintas:

IT: pede cotação de preço para determinada demanda de tintas, inferior à real.

Fornecedor: cota um valor alto dada a quantidade solicitada.

IT: solicita desconto sobre o valor informado.

Fornecedor: oferece como condição para reduzir o preço que o cliente adquira uma quantidade maior de tintas.

IT: aumenta o pedido e em contrapartida solicita, devido à quantidade, a exclusividade.

Vantagem futura

Oferta de uma oportunidade futura em troca de uma vantagem imediata, como se fosse trocar algo concreto por promessas. Essa tática não pode ser utilizada em uma perspectiva de médio e longo prazos, pois a reação pode significar abuso de confiança. É necessário se ter o exato conhecimento do que poderá ser afetado.

Desvalorização da oferta

Uma das partes menospreza a oferta da outra parte, mostrando que não é interessante, mesmo quando comparada com a dos concorrentes.

Para que essa tática seja utilizada será necessário, antes do início da negociação, que uma das partes discorra sobre os defeitos e sobre os problemas do objeto a ser negociado, de forma a depreciá-lo. A outra parte, que detém o objeto, diante da depreciação dele, rejeitará qualquer negociação ou flexibilizará muito as condições. Há que se ter o cuidado para não ferir a outra parte e deve-se mostrar que a posição não é pessoal.

Pode-se ensaiar um discurso em forma de desinteresse ou de irritação, cujo objetivo é desestabilizar ou instaurar um jogo de forças.

Desvalorização da pessoa

Coloca-se a outra parte em uma posição de desvantagem, inferiorizada e reprimida com ações, tais como: deixar o interlocutor esperando e/ou acomodá-lo em local pequeno e desconfortável e/ou atendê-lo de forma seca, e/ou interromper a conversa com ligações "importantes".

Jack, o estripador

Essa estratégia é utilizada quando se "fatia" uma questão muito grande em pequenas partes, para melhor decidir ou negociar cada fatia individualmente. Se não se consegue resolver o todo, por que não resolver cada uma das partes?

Quando a exigência é cortada em pequenas fatias, as concessões não "chamam atenção", passam desapercebidas e, assim, aparentam ser irrelevantes, individualmente.

Ultimatum

Apressar o resultado de uma negociação pode gerar estresse e reduzir o tempo para criar opções e valores na negociação. Trata-se de uma técnica bastante autoritária.

O *ultimatum* aparece como o resultado de uma discussão dura e intransigente sobre um ponto-chave, porém, não se deve mostrar ríspido ou agressivo quando se trata de propor um prazo.

Leilão

O leilão é utilizado, em sua maioria, por grandes empresas. Estas reúnem os fornecedores para ofertar seus produtos e concorrer entre si. Uma das formas de leilão mais disputadas é o leilão reverso, quando o "relógio dos valores" é acionado com valores mais altos. O lance é dado parando-se o "relógio" em uma competição de menores preços para o comprador. O comprador tem que saber lidar com a sua ansiedade, pois ao parar o relógio com um lance, ele paga um valor mais alto do que se tivesse esperado mais um pouco. Por outro lado, esperar pode significar a perda de oportunidade, pois um concorrente poderá "parar o relógio". Sites da internet permitem fazer leilões, comparar preços e pesquisar as melhores ofertas.

Ataques individuais: é quando a empresa, ao receber a cotação de todos os fornecedores, contata um dos fornecedores para anunciar o preço dos concorrentes e barganhar uma posição melhor. Há uma desvantagem: a possibilidade de blefe do comprador e pressão sobre o fornecedor.

Há também o "desvio" em oferecer um produto mais customizado, atendendo aos interesses do comprador, se diferenciando dos demais fornecedores, criando uma dificuldade para o comprador comparar preços, ou induzindo a compra por um específico produto de um fornecedor específico.

Ficar calado
Diante do silêncio prolongado, uma das partes busca preencher o vazio. Ao falarem, as partes informam e demonstram seus interesses. Há uma enorme dificuldade em se ficar calado, diante do vazio, do silêncio.

Salame
Dividir, "fatiar" um problema maior em pequenos problemas. Muitas vezes é mais fácil negociar pequenas partes do que negociar um montante significativo. As pequenas concessões são menos dolorosas. Por exemplo, o Estado aumenta 3% no imposto de comunicações, 5% sobre a água, 4% sobre a eletricidade. No final, houve um aumento significativo de arrecadação, sem que se tivesse que anunciar um aumento de 12% como um todo.

1.6.10 Conformidade legal

O elemento conformidade legal primeiramente se refere à interpretação da lei. Qual lei irá prevalecer? Qual é a margem de negociação dentro da lei? Assim podemos delimitar os limites de uma negociação. Podemos também dizer que a conformidade legal se refere à legitimidade dos contratos necessária à viabilização de um acordo, observando-se as leis e a estabilidade dos órgãos reguladores, responsáveis por legislar sobre o assunto e estabelecer regras e um foro de discussão.

A análise da conformidade engloba, além dos contratos, o ambiente no qual a negociação deve ser realizada, no sentido de que a implementação e a sustentação dos acordos possam ser asseguradas. As negociações realizadas em ambientes que apresentam baixo grau de conformidade irão incorporar custos mais altos, associados ao risco assumido e pelas poucas garantias de cumprimento. Os envolvidos na negociação devem realizar consultas à legislação pertinente, como também consultar advogados especialistas para verificar a legalidade e as implicações das iniciativas.

1.6.11 Resumo do entendimento sobre os dez elementos

Por exemplo podemos citar que, no quadro anterior, o elemento contexto tem um papel fundamental na etapa da preparação da negociação, ambientando o negociador (ambiente, clima etc.); o elemento interesses será fundamental nas etapas de preparação e de criação de valor, pois na preparação as partes têm que ter clareza do que desejam e do que estão negociando; e na etapa da criação de valor, a partir de seus interesses e dos da outra parte, o negociador criará opções e oportunidades para trocar, tendo o que oferecer em troca do atendimento aos seus interesses.

Portanto, nosso livro visa a descrever as situações de conflitos e através de nossa clínica prescrever os dez elementos para a resolução desses atritos. Focamos os elementos, pois eles dão clareza nas situações em que existam discrepâncias, *gaps* ou assimetria entre os elementos do departamento A, do departamento B, do departamento C, que existem nas empresas e são compostos por profissionais com diferentes backgrounds e interesses. Podemos citar o caso do elemento tempo que possui diferentes relações entre diversos departamentos, como, por exemplo, o fator tempo para o departamento comercial, que é diferente do tempo para o departamento jurídico. Existe também o elemento interesse, que é comumente divergente entre os diversos personagens que fazem parte de uma empresa familiar em processo de sucessão. Assim, a negociação à luz desses dez elementos visa a ajudar a alinhar pensamentos, sincronizar os interesses de diferentes partes. A técnica de Newgotiation permite tornar o processo de negociação em conversas emocionais e jogo de relacionamento entre as partes, fazendo com que haja maior probabilidade de fechamento de acordos e criação de valor.

02

Os problemas de produtividade e de performance nas empresas devido a questões de gerenciamento de conflitos

Os conflitos são inerentes a qualquer empresa em qualquer setor. No entanto, se um líder possui competências técnicas específicas que possam ser aplicadas a determinado tipo de empresa e usa as técnicas de Newgotiation, ele pode construir uma cultura de trabalho em equipe e, consequentemente, poderá alcançar objetivos compartilhados alinhados à estratégia das empresas, atingindo resultados de maneira eficaz. Este livro tem como objetivo mostrar os problemas de liderança nas organizações por meio da visão realista tanto de casos em que gestores que não são líderes como de casos em que o líder não possui as habilidades específicas, e propor o desenvolvimento de uma liderança baseada nos pilares da Newgotiation para evitar os conflitos que surgem em diferentes situações.

Yann Duzert e Ana Schlaepfer Spinola, em seu livro *Negociação e Administração de Conflitos* (2018), descrevem o problema de geração de conflitos como sendo uma consequência frequente das interações sociais em todos os níveis da sociedade. Dentro desse contexto, os autores explicam de forma genérica que os conflitos fazem parte da natureza humana e da nossa vida e são estressantes, pois colocam em jogo nosso capital social. Basta que haja uma diferença de interesses, de opinião, de interpretação e de entendimento nos relacionamentos entre pessoas — sejam de uma mesma família, de vizinhos, de grupos religiosos, de esportistas, de organizações, do governo e dos cidadãos — para que o conflito se instale. Para além dos relacionamentos, a escolha entre diferentes alternativas, quaisquer que sejam, gera conflitos para a tomada de decisão. A pergunta que se apresenta é: qual alternativa escolher? A partir dessa dúvida estabelece-se um conflito que diz respeito à necessidade de escolha entre as alternativas.

Frequentemente, em situações de conflito e no próprio processo de negociação, as emoções, mais do que a razão, interferem no desenvolvimento e na resolução do conflito. Buscar a compreensão e a empatia, reconhecer e minimizar as diferenças, estar com a mente aberta às novas e diferentes ideias para atender aos interesses das partes envolvidas constituem elementos fundamentais para a resolução dos conflitos. Essas ações minimizam os desgastes físico, emocional e financeiro e os custos associados, e muitas vezes desnecessários, tornando a solução mais efetiva e satisfatória para ambas as partes. Os conflitos são diferenças entre duas ou mais pessoas, ou grupos, caracterizadas por tensão, emoção, discordâncias e polarização, em que a afinidade é quebrada. Há também conflitos de cunho pessoal, quando temos que fazer nossas escolhas pessoais para a tomada de decisão. Nesse caso, a negociação é feita consigo mesmo, avaliando os benefícios e os custos das suas alternativas para a tomada de decisão. Por outro lado, o conflito é um processo de construção e de sustentação de diferentes percepções e interpretações da realidade. Dependendo da ótica pela qual enxergamos determinado problema, podemos interpretar e depreender diferentes resultados. Quando dois ou mais indivíduos vivenciam uma mesma situação, se indagados posteriormente, estes oferecerão diferentes respostas, discorrendo sobre emoções e razões, de forma absolutamente distinta.

O conflito, quando não levado a extremos, com o respeito às diferenças, pode ser uma fonte de ideias novas, de discussões abertas, permitindo e facilitando a expressão e a exploração de diferentes pontos de vista, interesses e valores. O conflito, quando levado a extremos, produz perdedor(es) e ganhador(es). Tanto o perdedor quanto o ganhador acabarão perdendo. O perdedor, tipicamente, sente-se injustiçado, o que o leva a ficar com raiva e a buscar, no futuro, uma retaliação (revanche). Dessa forma, o conflito não se encerra, fica postergado, pois o perdedor buscará uma nova oportunidade para "devolver" a "injustiça" que foi cometida contra ele. O perdedor tentará buscar uma compensação no futuro, e o ganhador obterá a vantagem no presente.

Porém, existem situações nas quais o conflito entre duas ou mais pessoas podem levar prejuízo a terceiros, e não somente produzir um perdedor e um ganhador que estão negociando. Como, por exemplo, no caso de haver conflitos internos em determinada empresa, causando queda de produtividade e redução de performance, podendo ainda chegar a ocasionar prejuízos incalculáveis e, no extremo, causar a falência da empresa. Dessa forma, os acionistas e os demais stakeholders seriam prejudicados. Dentro desse contexto é necessário que a empresa tenha um líder com as características específicas para entender o negócio e a capacidade de mediar esses conflitos.

De acordo com Dubrin (2003), as relações conflituosas geram desconforto e estresse. De acordo com o autor: "os gerentes alegam que gastam pelo menos 20% de suas atividades no trabalho resolvendo, direta ou indiretamente, conflitos e que estes têm conteúdo emocional suficiente para levar as pessoas envolvidas ao estresse".

03

O que são os clini-cases e como utilizá-los

Neste livro, *Newgotiation 4.10,* criamos a seção chamada clini-cases. E por que colocamos esse nome? Na realidade, a colocação do termo clini-cases não foi somente para se diferenciar do nome tradicional "business cases" que a literatura utiliza para designar casos que ocorrem em empresas de diversos tipos e que são usados em livros e artigos pelo mundo todo. Nossa ideia foi de realmente trazer para o leitor um contexto em que descrevemos as situações mais prováveis de haver atritos, que poderão estar relacionados aos gestores e ao momento pelo qual a empresa está passando, o momento que o leitor está vivendo em sua carreira profissional e/ou em suas relações interpessoais. Em seguida, identificamos os cinco principais diagnósticos da situação. E posteriormente fornecemos o que chamamos de um guia de "*management prescriptions*", no qual o leitor poderá encontrar técnicas de Newgotiation baseadas nos dez elementos de negociação necessários para a redução desses conflitos.

Os cenários descritos nos clini-cases são de leitura fácil, de forma a fazer com que leitor interprete os sintomas pelos quais está passando com a realidade dos fatos narrados. Nesta parte do livro disponibilizamos uma série de situações para o gestor-leitor nas quais ele poderá identificar as similaridades do momento que está vivendo em sua carreira em relação aos conflitos vividos no seu dia a dia na empresa. A forma pela qual os clini-cases são expostos no livro facilitam essa identificação, fazendo com que a prescrição da solução desses problemas seja absorvida de maneira mais fácil e clara pelo leitor.

04

Os clini-cases ilustrativos

4.1 Conflito em empresas familiares

A gestão de empresas familiares é com muita frequência rica em conflitos. Essa situação se acentua quando a empresa no caso tem seus dirigentes já pertencendo à segunda ou à terceira geração. Os exemplos de conflitos são vários. Mas vamos nos ater neste livro a três situações mais comuns que levam ao conflito. A primeira é o caso de empresas que têm líderes (membros das próprias famílias) sem as *soft skills* necessárias para trabalhar nesse tipo de empresa. A segunda situação ocorre quando são contratados profissionais de mercado para posição de gestores do negócio. Não é raro que ocorram conflitos entre esses gestores e os proprietários da empresa. E em terceiro focaremos os conflitos de empresas familiares que estejam em processo de transição, quando os donos de uma geração mais antiga saem de cena e passam a gestão do negócio aos herdeiros.

Enfim, todo esse complexo mix de diversidades leva as empresas a terem conflitos entre seus gestores, o que gera uma perda de produtividade e de performance. Assim sendo, a necessidade de treinamento de estratégias de negociação entre esses familiares é de suma importância, dado que em uma negociação entre membros da mesma família existem certas peculiaridades.

Logo, dentro desse contexto podemos verificar diferenças na estratégia de negociação com pessoas em geral e com membros da família. Isso ocorre, porque, quando estamos focados em negociar, estamos sempre tentando alcançar algum tipo de acordo que gere valor para ambas as partes e no qual todos saiam satisfeitos. No entanto, várias coisas mudam quando se vai para uma situação familiar, uma delas diz respeito às sombras do passado.

É difícil focar simplesmente nessa negociação e nessas questões, porque elas tendem a transbordar para muitas outras questões. As negociações são também mais complexas porque o número de partes interessadas quase inevitavelmente aumenta quando se está lidando com uma situação familiar. Você e eu, se estamos em uma família, não podemos simplesmente concordar em fazer algo e ignorar o fato de que nossa decisão pode afetar sua esposa, meus irmãos, meu pai, seus filhos etc. Então, o âmbito da negociação acaba ficando cada vez maior. Nesses casos, muitas vezes os membros da própria família, até mesmo aqueles que estão em conflito, se importam um com o outro e isso pode ser uma grande vantagem para uma negociação. O fato é que existem pontos positivos e negativos. No entanto, apesar de haver pontos positivos ou negativos, é sempre um pouco mais complexo quando se lida com negociações em família em vez de negociações não envolvendo família.

Assim, visando a estabelecer melhor organização sobre o tema e consequentemente a utilização de uma estratégia de negociação mais adequada, dividimos o tema conflitos em empresas familiares em três situações distintas, que são mais comuns e geralmente são foco de problemas:

4.1.1 Empresa familiar onde existe um ou mais gestores de mercado e um ou mais proprietário(s)-gestor(es)

Muitas empresas familiares necessitam de gestores capacitados para ajudá-las com o gerenciamento. Existem várias demandas no dia a dia do gerenciamento dessas empresas que um gestor da família não consegue atender, seja por falta de qualificação técnica, falta de visão de negócio para os dias atuais, ou falta de habilidades interpessoais para unir sua equipe. Portanto, um gestor com experiência de mercado se faz necessário para que a empresa se torne competitiva, gere valor no curto prazo ou desenvolva um plano de crescimento viável de seu negócio. No entanto, podemos observar que um casamento duradouro entre este gestor de mercado e o proprietário da empresa é difícil de acontecer, pois existem vários pontos de conflito entre eles, gerando um efeito perverso, por conta da troca constante no curto prazo do gestor, fazendo com que a estratégia principal da empresa seja atingida. Os motivos para esses divórcios constantes estão identificados a seguir.

4.1.1.1 *Diagnóstico*

O proprietário pode ser o fundador da empresa ou mesmo um de seus herdeiros. Além disso, dentro do seu poder cognitivo existe uma abstração seletiva, ou seja, eles escolhem o que enxergar e o que ouvir, descartam ideias e não prestam atenção em assuntos necessários à implantação moderna de gestão quando esses fatores são colocados em discussão por um gestor "de fora". Já o gestor que vem do mercado deverá ter, além das habilidades específicas para trabalhar no setor, algumas *soft skills* importantes para implementar as estratégias necessárias e conseguir negociar com o proprietário da empresa para que sua administração gere valor. As *soft skills* de habilidades interpessoais são mandatórias, assim como a empatia e a inteligência emocional. A capacidade de negociação é fundamental nesse caso para lidar com os donos de uma empresa de perfil autoritário. Dessa forma, o gestor deverá aplicar a estratégia de ter um comportamento *light*, não confrontar, ser desapegado, simples e não comprometido. Os autoritários precisam ter a palavra final e um negociador hábil deverá se posicionar de forma mais neutra, oferecendo ao autoritário a oportunidade para ele "massagear" seu ego, destacar sua vaidade e adotar as ideias de terceiros como sendo suas, o que demandará certa habilidade e desapego das ideias das partes. Não importa a paternidade das ideias, o que importa é que o autoritário se sinta o autor delas e tenha domínio da palavra final, sendo que, para as partes, o que importa é o acordo final e a execução das propostas.

De forma a entendermos as principais características desses empresários que levam ao atrito com os gestores contratados, descrevêmo-las para que o gestor as identifique com maior facilidade e assim desenvolva uma estratégia de negociação eficiente.

Aversão ao risco de forma seletiva — esses empresários muitas vezes são avessos ao risco, porém, não no sentido a que estamos acostumados. A aversão ao risco também é seletiva. Ou seja, em se tratando de arriscar na construção de um empreendimento que estão acostumados a fazer e que na maioria das vezes deu certo, eles assumem riscos muitas vezes sem nem analisar o retorno esperado. Porém, quando se trata de novos negócios, novas estratégias, principalmente quando provenientes de um gestor de mercado, existe uma aversão. Nesse caso, por experiência de ter vivido essa situação algumas vezes, percebo que essa aversão ao risco tem mais a ver com o ego do que com o risco propriamente dito, ou também um *mix* das duas situações (ego + risco do negócio).

Negociador autoritário — outra característica desses proprietários diz respeito à sua forma de negociar. Este é um ponto importante, pois a maioria dos empresários tem o sentimento de serem hábeis negociadores, que inclusive conseguiram obter sucesso em seu negócio pela forma de negociar. Geralmente, estes empresários possuem a característica do negociador autoritário, que é o perfil do indivíduo avesso ao risco, que não gosta de mudanças, não tolera novas ideias, aceitando apenas aquelas que sejam de sua autoria, em que o que importa é a paternidade das ideias e que o autor delas tenha domínio da palavra final.

Ego inflado — dificuldade em aceitar o erro de suas ações, não delegar o poder necessário para o executivo gerenciar, centralizar suas ações no gerenciamento, enfim, todas essas situações são, muitas vezes, causadas pelo ego exacerbado do "dono da empresa".

Liderança — em empresas familiares é muito comum a chamada "liderança à moda antiga", na qual o líder se impõe não por suas habilidades técnicas, empatia, ou habilidade de comunicação interpessoal, mas sim pelo medo que os gestores têm de que alguma de suas ações gere atrito com o "dono da empresa" e ele venha a ser demitido. Essa situação gera sérios problemas na performance da empresa, dado que nem sempre os gestores podem efetivamente tomar a decisão correta com receio de provocar algum tipo de atrito. Cabe ao gestor desenvolver habilidade de negociação para que saiba efetivamente lidar com esse tipo de empresário.

Ouvido seletivo — é fato que ninguém gosta de ouvir notícias ruins. Mas em empresas familiares é muito comum que os empresários não gostem de que os gestores façam avaliações do negócio nas quais sejam expostas situações de determinados projetos que não estejam performando bem, ou, ainda, uma avaliação da empresa como um todo em que sejam apontados erros de gestão, que em muitos casos estão até mesmo provocando prejuízo. Como executivo (Haroldo Monteiro), tive a oportunidade de passar por uma situação inusitada e constrangedora duas vezes — uma delas atuando como CFO, quando fui demitido com a acusação de somente "levar notícia ruim" para reuniões com os proprietários da empresa. Mas, na realidade, eu apenas apresentava os resultados da empresa mês a mês, mostrando que deveríamos fechar algumas unidades deficitárias para melhorarmos a rentabilidade da empresa como um todo. Na outra situação, os proprietários da empresa se levantaram quando apresentei no mês de novembro o orçamento para o ano seguinte, no qual eu apontava a necessidade de uma reformulação drástica nos rumos do negócio, sob pena de a empresa vir a ter problemas de continuação de seus negócios, podendo até deixar de existir, o que de fato quase aconteceu. Porém, a empresa encolheu de uma tal forma que quase saiu do mercado. Portanto, cabe ao gestor saber negociar como passar essas notícias nesses momentos de estresse do negócio em que o empresário tem ouvidos seletivos.

4.1.2 Empresa familiar na qual os membros da mesma família são os principais executivos

Geralmente, quando as empresas são fundadas, elas têm como principais executivos os próprios fundadores. Em algumas delas esses fundadores são de uma mesma família ou até de duas ou mais famílias. Quando essa situação ocorre é muito comum vermos esses executivos assumindo cargos conforme sua aptidão, ainda que nem sempre estejam preparados técnica ou profissionalmente para assumir tais posições.

Em outros casos, quando as empresas já estão na segunda ou na terceira geração, essas pessoas da família tentam continuar ocupando a gestão da mesma área que seu antecessor. E com certeza pode ocorrer o mesmo problema que ocorre com os fundadores das empresas: cargos são preenchidos sem a devida análise das competências técnicas e das habilidades pessoais que essa função necessita. Assim, cria-se um impasse entre as áreas da empresa, levando-as à perda de performance, ocasionando uma falta de direcionamento de negócios e de investimentos em inovação para a perpetuação da empresa.

4.1.2.1 *Diagnóstico*

Quando uma empresa familiar tem seus sócios em posições-chave, como administrativo-financeiro, marketing e operações, a chance de haver conflitos aumenta. Para que a empresa consiga reduzir o atrito entre esses sócios-gestores é necessária uma análise prévia da situação da empresa como um todo e o desenvolvimento de competências técnicas de negociação para que obtenha a redução de conflitos entre as partes. É possível também a contratação de um mediador para que seja feito um treinamento dos envolvidos nas habilidades de negociação.

Vejo nessa situação os cinco problemas distintos que devem ser abordados separadamente.

> **Diferença de backgrounds** — o primeiro caso em que diferentes pessoas da família ocupam cargos para os quais é exigido determinado conhecimento técnico pode levar a algum tipo de fricção entre eles, como, por exemplo, o gestor financeiro e o gestor de marketing/comercial. Nesse caso, as habilidades específicas dos profissionais podem ser antagônicas. Diferenças de perfil e de *soft skills* são relevantes nesses diferentes tipos de profissionais. Nesse caso, esse atrito não ocorreria por ser uma empresa familiar, mas sim por conta dos diferentes backgrounds profissionais. Claro que a questão familiar poderá exacerbar esses atritos.
>
> **Focos divergentes** — o segundo diz respeito a focos distintos, interesses distintos. O atrito entre esses profissionais pode aumentar, pois, além de diferentes características, esses profissionais podem ter em mente diferentes planos estratégicos para a empresa.

Conflitos de poder — existe também a possibilidade de um dos executivos ser membro da família, mas não ser um dos sócios do negócio. Nesses casos, a chance de haver mais conflito pode aumentar. Diferenças de interesse, ego e até ressentimentos por ser um membro da família que não possui o poder dos outros por não ser dono são muito comuns. Não podemos nos esquecer ainda das diferenças de perfil devido a diferentes backgrounds, o que em qualquer cenário é muito comum acontecer.

Ego inflado — é sempre um fator de geração de conflitos em relações empresariais. Mas quando temos gestores que são membros de uma mesma família a "guerra" se acentua. Quem seria o membro da família que renunciaria a uma decisão tomada porque outro membro da família discordou, mesmo que seja por um motivo correto? Como podemos observar nesse exemplo, uma decisão poderia ser mantida mesmo que ocasionasse um prejuízo para a empresa, por puro problema de ego inflado.

Desavenças familiares — nesta situação poderíamos incluir uma série de exemplos. Mas o mais importante é enxergarmos a essência desse problema, ou seja, como desavença entre membros da família por problemas particulares pode comprometer uma relação empresarial. Assim, os atores envolvidos "levariam" para a empresa os problemas ocorridos "dentro de casa". Dessa forma, a participação de um mediador com capacidade de resolução de conflitos é altamente recomendável.

4.1.3 Empresa familiar em processo de transição

O processo sucessório em empresas familiares é, sem dúvidas, um dos momentos mais delicados e desafiadores para a manutenção dos laços familiares e da estabilidade dos negócios. Com efeito, trata-se de um tema difícil, pouco enfrentado e frequentemente adiado pelas famílias empresárias, nada obstante sua extrema relevância.

O processo sucessório é um grande desafio não apenas para os herdeiros, mas também para os fundadores e demais profissionais envolvidos nesses tipos de organizações. O preparo para esse momento é obrigação de todos e demandará, na maior parte das vezes, um grande investimento de tempo e de esforço.

A sucessão em empresas familiares tem características próprias. Possivelmente a mais específica delas é o fato de que os herdeiros, agora alçados ao posto de acionistas em uma sociedade, se depararão com um tipo de atividade empresarial e com sócios que não escolheram e com os quais podem não ter afinidade alguma.

É nesse ambiente peculiar que podem surgir diversos tipos de conflitos, que vão desde incompatibilidade de objetivos até desentendimentos baseados em expectativas comportamentais. E como bem se sabe, esses tipos de divergência podem se apresentar de forma sutil ou mesmo explícita e violenta. Em ambos os casos, quando não equacionadas de maneira adequada, podem levar relacionamentos e empresas à ruína.

4.1.3.1 *Diagnóstico*

O tema sucessão traz consigo aspectos dolorosos que precisam ser abordados. Difícil, senão impossível, por exemplo, é dissociar o afastamento do fundador à ideia de morte. Por mais que se trate a questão com suavidade, ela é sempre desconfortável e, frequentemente, adiada.

Durante o processo natural de sucessão, familiares em pouco tempo se tornam sócios. Ou seja, uma relação que outrora se operava apenas no âmbito familiar, regida por características próprias, adquire novas dimensões. Irmãos que eram apenas herdeiros agora são sócios em uma empresa, compartilham patrimônio e novas responsabilidades e obrigações. A alteração dessa dinâmica nem sempre é assimilada da melhor forma possível e a mudança de papéis dos herdeiros demandará não apenas uma nova forma de interação, mas também novas habilidades.

As transições que podem ser consideradas bem-sucedidas são bem planejadas e implementadas ao longo do tempo, muito antes que a finitude do fundador se faça presente.

O processo sucessório bem planejado requer a discussão estruturada de diversos temas, que são complementares e estão intimamente ligados, tais como sentimentais, econômicos e profissionais. Ao lidar com essas questões, deve-se levar em consideração os interesses individuais das partes envolvidas, mas sem deixar de observar os aspectos coletivos.

Planejar a sucessão, quer seja no âmbito familiar, propriedade ou negócios, demanda investimento e tempo dos membros da família. Muitos conflitos podem surgir nesse processo. Os desgastes emocionais e o desenvolvimento de novas habilidades demandam esforço e mexem com a zona de conforto dos familiares. Tudo é novo e precisa ser assimilado.

No entanto, ao se trabalhar em conjunto, desenvolve-se um alinhamento entre os herdeiros e se constrói um plano negociado com o envolvimento de todos. A ideia de imposição, que sempre traz desconforto e possíveis conflitos, fica afastada e o comprometimento com o sucesso do projeto é maior. O treinamento desses herdeiros, por meio da conscientização desde cedo a respeito do legado que receberão e sobre suas responsabilidades para com ele, é uma forma de mitigar os conflitos em empresas familiares. Para que essa conscientização se realize, sugere-se que as famílias empresárias considerem a possibilidade de inserir na formação dos jovens programas de formação de herdeiros. Nesses cursos, eles serão deparados com questões que se farão presentes no futuro, tais como a noção de que o patrimônio herdado pode trazer bônus, mas que este traz consigo também um ônus e que ambos precisarão ser bem gerenciados.

Para que possamos abordar esses treinamentos é preciso identificar os pontos de conflito mais usuais nessas empresas e que são descritos a seguir:

↳ *Projeto de vida*

> Cada herdeiro deve perguntar a si próprio sobre o seu projeto de vida. Sem dúvida, é um grave equívoco de algumas famílias empresárias vislumbrarem que a única hipótese para o herdeiro se realizar profissional e pessoalmente é dar sequência aos negócios criados e desenvolvidos pela figura do fundador. O sonho do herdeiro pode não ser o mesmo sonho do detentor da empresa. De fato, ser coadjuvante no sonho de outra pessoa não parece ser um bom caminho para a realização profissional e pessoal.

Por outro lado, é importante ressaltar também que um dos maiores desafios do fundador, que objetiva estruturar seu processo de sucessão, é justamente encontrar um novo sonho, uma nova realização capaz de mantê-lo motivado e feliz. Empreendedores que construíram seus negócios do zero e dedicaram uma vida inteira ao seu desenvolvimento têm muita dificuldade para se reinventarem em novos desafios.

Some a esse desafio o fato de o fundador, apesar de declarar querer que a empresa seja tocada pelos filhos na sua falta, costumeiramente não enxergar neles a capacidade e o interesse para tal. Obviamente, essa é uma situação que tem grande potencial para gerar conflitos dentro da empresa e da família.

Portanto, o autoconhecimento tanto do fundador quanto do herdeiro é fundamental nesse aspecto. Esses ilustres personagens devem considerar algumas alternativas para que a empresa siga sem o fundador. Sem a pretensão de hierarquizar, algumas hipóteses se apresentam e devem ser consideradas como forma de preservar patrimônio e relações familiares: a venda integral da empresa, a cisão, a venda parcial ou a busca de um sócio.

↳ *O herdeiro e o sucessor*

Há uma grande confusão entre essas duas figuras: a do herdeiro e a do sucessor. Essas expressões podem, em um primeiro momento, parecer sinônimas. Mas apenas em um primeiro momento, pois, a partir de uma análise um pouco mais criteriosa, percebe-se que são distintas e precisam ser devidamente compreendidas em suas múltiplas dimensões.

Ser herdeiro está ligado diretamente a um direito legal. Ou seja, é uma condição muito bem regulamentada pela legislação brasileira. Em poucas palavras, herdeiro é aquele que sucede na totalidade ou em parte a herança, seja por força de lei ou por disposição de testamento. De fato, para ser herdeiro não se faz necessário que o indivíduo tenha qualquer tipo de competência para gerenciar negócios. Basta apenas que tenha um direito legal sobre o patrimônio do detentor original.

Agora, quando se fala de sucessor na empresa, outras questões se apresentam. Para que este tenha legitimidade para suceder o fundador na liderança dos negócios é preciso que ele conquiste aquilo que foi herdado. E isso requer competências diversas, muito esforço e dedicação.

Ainda para reforçar a distinção entre essas duas figuras, imagine que determinado fundador eleja deliberadamente um de seus herdeiros para sucedê-lo. Se este não for aceito e legitimado pelos demais herdeiros, corre-se um sério risco de na ausência do fundador o conflito se instaurar em proporções elevadas. Não raras vezes, os herdeiros que foram preteridos na liderança dos negócios se unem e destituem o escolhido pelo fundador.

↳ *Ser dono e ser sócio*

Herdar não significa necessariamente ser proprietário ou gestor de um patrimônio construído pela geração antecessora.

Esse pensamento equivocado também acomete boa parte dos fundadores. Para eles o simples fato de terem construído um patrimônio significativo e deixá-lo para seus descendentes é suficiente.

Ser herdeiro de uma coleção de bens de forma partilhada com irmãos, outros familiares, ou mesmo pessoas de fora da família, significa que esses bens não são de apenas uma pessoa. A partir do momento em que o patrimônio é transferido, este será dividido entre aqueles que têm direito legal sobre a herança. Nesse sentido, é importante ressaltar que o herdeiro passa a ser sócio de pessoas com as quais ele pode não ter afinidade alguma, ainda que familiares. Ou seja, são pessoas que ele não escolheu como sócias.

Esse vínculo é uma grande novidade na vida daquele que o herda. A chance de conflitos neste momento é muito grande, pois, ainda que houvesse boas relações em ambiente familiar, isso não garante que agora, em ambiente empresarial, os comportamentos sejam harmoniosos. As dinâmicas do ambiente empresarial são muito diferentes das dos ambientes familiares. Pensar na estratégia da empresa, em seus recursos humanos e financeiros, além dos riscos inerentes a qualquer negócio, demanda uma abordagem e uma atitude particulares, que muito pouco ou nada se assemelham às das famílias.

↳ *Profissionalizar controladores e profissionalizar gestores*

Outro equívoco muito comum nas empresas familiares é a confusão de papéis entre controladores e gestores. É fundamental que ocorra a profissionalização de ambos. Entretanto, para que isso ocorra, é preciso a compreensão de suas distinções.

Uma empresa familiar pode muito bem ter uma gestão profissional e controladores despreparados. Se isso ocorrer, há um gravíssimo comprometimento com o futuro da organização. Os controladores são os responsáveis pelo direcionamento dos negócios com uma perspectiva de futuro, ao passo que os gestores tocam o dia a dia da organização. Uma imagem pode ajudar a compreender melhor essa distinção. Os controladores são os faróis altos da organização, ao passo que os gestores são os faróis baixos. Ambos são importantes e devem estar funcionando muito bem e em sintonia.

A profissionalização dos gestores pode ser feita com membros da família ou profissionais de mercado. É bastante comum, e inclusive salutar, que haja um mix entre esses dois grupos. Entretanto, nada disso adiantará se os demais sócios, que não têm funções executivas na empresa, não forem preparados para exercer o seu papel de sócios.

A transição do papel de herdeiro para o papel de sócio pode ser desafiadora para muitas pessoas. Um dos maiores riscos para as organizações familiares é a existência de sócios despreparados com poder de voto. Estes devem ser observados com muita cautela e capacitados para exercer adequadamente a função de acionista. Conflitos nesses casos são muito comuns e a sua resolução precisa ser endereçada sob pena de graves problemas para a empresa caso não sejam solucionados.

↳ *Escuta ativa e diálogo*

Lidar com a complexidade das dinâmicas inerentes às empresas de controle familiar demanda esforço e boa vontade das partes interessadas. Muito do sucesso ou do fracasso desse tipo de organização dependerá da forma como os conflitos serão gerenciados.

Por si só, as relações humanas são desafiadoras. Quando há laços de parentesco, ficam potencializadas. Todos estamos sujeitos a cometer falhas em nossas percepções. Costumamos julgar a intenção do outro com base naquilo que sentimos. Se nos sentimos desprestigiados, deduzimos automaticamente que a intenção do outro foi nos desprestigiar. Esquecemos que as intenções são invisíveis. E, quando não estamos certos sobre a intenção do outro, geralmente deduzimos o pior. Isso é um erro tão grande quanto comum.

A única forma de se tentar resolver questões dessa natureza é por meio do diálogo. Claro que, quando há gerações diferentes envolvidas, essa distância pode dificultar ainda mais a compreensão um do outro. Entretanto, devemos ter em mente que essa dificuldade é inerente à solução do conflito em si. Podemos estar em momentos de vida diferentes, ou mesmo ter expectativas diversas acerca dos negócios. Isso é absolutamente natural e legítimo. O que realmente importa é a abertura para compreender o interlocutor de forma autêntica e respeitosa.

Ocorre que geralmente temos muita dificuldade em ouvir. Costumamos estar mais preocupados em ser compreendidos do que em compreender a outra parte. Mal conseguimos ouvir o que nosso interlocutor tem a dizer. Frequentemente ouvimos com a intenção de responder e não com a intenção de compreender genuinamente como a outra pessoa enxerga o problema. Se você quiser realmente compreender um pensamento diferente do seus, será preciso desenvolver uma capacidade simples, porém desafiadora. A capacidade de ouvir, compreender e aceitar que enxergamos o mundo de formas diferentes. E que isso não é necessariamente ruim. Muito pelo contrário, pode ser uma grande vantagem para as famílias e para as organizações.

4.1.3.2 Prescrição técnica para solução de conflitos em empresas familiares por meio do método (MNC) em Newgotiation

Elemento do Processo de Negociação: *Contexto*

Solução para diagnósticos em casos de: *O herdeiro e o sucessor/ Desavenças familiares*

As empresas familiares possuem peculiaridades próprias, que costumam espelhar as características do(s) dono(s) dessas empresas. Logo, em um processo de sucessão ou de compartilhamento de gestão com profissionais do mercado, a análise do elemento contexto se faz necessária para que os envolvidos possam reduzir o *gap* de interesses das partes a fim de que sejam tomadas decisões mais assertivas com a criação de valor.

O contexto é representado pelos ambientes externo e interno onde se desenvolve o processo de negociação, que podem ser mapeados por meio da identificação do clima organizacional e das emoções que envolvem a todos no ambiente. O negociador deve ter uma visão holística do processo que lhe permita identificar as posições, os status e os perfis das partes, que servirão de subsídio para a definição da estratégia a ser adotada. Condicionar as pessoas a um determinado contexto pode prepará-las para aceitar um ponto de vista ou decisão — Persuasão (CIALDINI, 2017).

Ambiente Externo: cenários político, econômico, social, ambiental, cultural, religioso, comercial, dentre outros (visão macro).

Ambiente Interno: condições do seu entorno próximo, relacionamento, estresse, ambiente organizacional etc. (visão micro).

O negociador estará com a "fotografia" de todo o ambiente disponível que servirá de base para as reflexões e para facilitar a identificação das opções. Como o ambiente é dinâmico, há necessidade de se ficar atento à percepção, à intuição e à cognição, de forma que se tenha um mapa, o mais fiel possível e atual, que permita balizar posicionamentos e abordagens.

Dentro da organização, o chefe tem que se relacionar com seus pares que são chefes de outras áreas, relacionamento esse que exige também uma negociação em muitos momentos. Há negociação entre times, como os representados por clientes e fornecedores de serviços nos quais, por exemplo, o setor jurídico é um fornecedor interno de contratos, tendo como cliente o setor comercial.

Ultrapassando os portões das empresas, elas se relacionam com seus fornecedores e seus clientes externos, além de se relacionarem com seus acionistas e com a comunidade na qual estão inseridas. Todas essas relações conduzem à necessidade de negociações.

Qualquer negociação exige uma análise do contexto da cultura, da macroeconomia, da geografia, da história, dentre outros; permite identificar a melhor forma de se negociar, seja por negociação direta, por meio de agentes (advogados, agentes imobiliários, procuradores etc.), por meio de facilitadores, mediadores, leilões, informais paralelas, multipartite, arbitragem; e resolução de conflitos por meio de terceiros, sendo eles juízes e o poder da polícia.

Elemento do Processo de Negociação: *Interesse*

Solução para diagnósticos em casos de: *Ser dono e ser sócio/Projeto de vida/Focos divergentes/Profissionalizar controladores e profissionalizar gestores*

Os interesses, tanto do fundador quanto do sucessor, devem ser respeitados e legitimados. Para se equalizar esse *gap* usamos o elemento que fala de interesse. Estes são os resultados que se deseja obter em uma negociação.

Para aplicar esse conceito, pergunta-se: quais são os seus reais interesses na negociação? Quais são os interesses da outra parte? Para alcançar esses resultados, devemos superar emoções, intempestividades, preocupações, medos, desejos, necessidades e esperanças. As pessoas têm seus próprios interesses e eles variam em função das circunstâncias.

Interesses são valores subjacentes às posições e constituem as razões pelas quais são estabelecidas as posições e as exigências. Quais os motivos e os desejos que estão por trás dos pedidos e das posições? A definição dos interesses conduzirá a negociação. Há que se buscar dentro de cada um de nós, e com a outra parte, o real interesse com a negociação.

Perguntas fundamentais: o que eu desejo da outra parte? O que a outra parte deseja de mim? Como procederíamos se estivéssemos no lugar dela? Existem stakeholders envolvidos? (SUSSKIND *et al.*, 2008). Com quais interesses devemos nos preocupar? Quais são os interesses compartilhados? Quais interesses são diferentes? Quais são conflitantes? O que você busca atingir nesta negociação? Essas questões deverão levar a uma satisfação dos interesses para que o acordo seja durável.

Elemento do processo de negociação: *Relacionamento*

Solução para diagnósticos em casos de: *Escuta ativa e diálogo*

O bom relacionamento entre fundador e herdeiro é fundamental para o processo sucessório ser bem-sucedido. Nesse caso, ajuda profissional de terceiros pode ser uma solução viável para interferir com o processo cognitivo de ambos visando a uma melhora no relacionamento.

Esse elemento trata de como as partes se relacionam. Qualquer negociação, tendo ou não alcançado um acordo, busca manter o relacionamento em boas condições, "não se deve fechar uma porta". Um bom relacionamento é uma das chaves para o sucesso da negociação. Não é preciso que as partes gostem umas das outras, nem que tenham os mesmos interesses; deve prevalecer o respeito e a integridade.

Elemento do processo de pegociação: *Poder e concessões*

Solução para diagnósticos em casos de: *Conflitos de Poder/Negociador autoritário/Ego inflado/Liderança*

Dentro de um processo familiar de sucessão é comum termos conflitos que podem ser identificados pelos elementos poder e concessão. No que tange ao poder, as sessões com o acompanhamento do psicólogo também mostraram grande valor, uma vez que não é da noite para o dia que o trono do rei é removido. O processo de sucessão deve ser gradual e planejado, a fim de se evitar confrontamentos destrutivos.

Já as questões pertinentes ao elemento concessão devem ter uma abordagem para que haja um acordo por todos os familiares responsáveis pelas decisões estratégicas sob uma perspectiva colegiada, com foco no futuro da empresa, separando as operações da estratégia, em suma. As partes devem estar cientes de que concessões vitoriosas podem ser feitas a fim de preservar o ganho coletivo acima do individual.

Utilizando o elemento de poder

Na maioria das negociações há uma assimetria de poder e a tendência é se buscar um equilíbrio. Como se busca um equilíbrio?

Há também o poder psicológico representado por manipulações (ameaças) até mesmo quando há uma aparente falta de poder. O poder não tem valor, a menos que você o utilize para obter uma vantagem. O poder não é ruim, mas abusar dele é ruim. Se você tiver a habilidade de influenciar a outra parte e o resultado de uma negociação, você tem Poder. Negociadores avaliam se possuem mais ou menos poder baseados não só nas suas próprias alternativas como também pelas alternativas da(s) outra(s) parte(s).

Utilizando o elemento de negociação concessão

Conceder significa oferecer à outra parte algo de que dispomos e que seja de interesse dela. A concessão não significa perder poder. Conceder significa ter poder para oferecer algo que seja de interesse da outra parte. Trata-se de um jogo de estratégia (DUPUY, 1989). Concessão não é fraqueza, pode ser também um facilitador para o fechamento de um acordo, especialmente se há uma reciprocidade de concessão. Refere-se ao comprometimento das partes, à formulação de compromisso, à reciprocidade e a colocar-se no lugar do outro.

Cabem as perguntas: concessão significa perder? Concessão está associada à reciprocidade? Conceder é tornar-se refém? Conceder é submeter-se? Conceder é perder o poder?

Concessão consiste em:

- ▶ Comprometimento das partes.
- ▶ Formulação de compromisso.
- ▶ Reciprocidade.
- ▶ Colocar-se no lugar do outro (empatia).

Para negociar é necessário que a outra parte possua algo desejável e que nossos próprios objetivos sejam atingidos, quando oferecemos algo em troca. A disposição para negociar é uma confissão de necessidade mútua.

Elemento do processo de negociação: *Cognição*

Solução para diagnósticos em casos de: *Ouvido seletivo/Aversão ao risco de forma seletiva*

Um dos problemas mais críticos quando se trata de gestão nas empresas familiares é a tomada de decisão. Divergência de interesse entre os sócios, e percepções de negócio distintas entre proprietário e o corpo executivo, fazem com que haja conflitos constantes entre as partes. Na realidade, a tomada de decisão reflete processos cognitivos e motivacionais que dependem da forma pela qual interpretamos as informações, avaliamos riscos, estabelecemos prioridades e vivenciamos sentimentos de perdas e de ganhos.

Muitas das vezes os atores utilizam as críticas em vez de produzir mudanças positivas, e inspiram atitudes defensivas e de retaliação, porque atacam o orgulho e afetam a autoestima dos indivíduos. Por outro lado, esse sentimento de inferioridade pode encorajar os indivíduos, especialmente em circunstâncias competitivas. Os negociadores revisam e atualizam seus interesses acrescentando novas informações, que vão, paulatinamente, modificando a condução do processo de negociação na busca por ganhos mútuos.

Modelo cognitivo

Existe uma tendência de nos prendermos a uma única interpretação, principalmente se ela for negativa, e resistirmos às outras.

Nosso sistema de raciocínio comete alguns enganos:

Abstração seletiva: escolhemos o que enxergar e o que ouvir; descartamos e não prestamos atenção quando queremos.

Percepção da realidade

O nosso cérebro cria uma realidade, porém, existe uma limitação sobre o que somos capazes de ver e de perceber (KLEIN, 2013). Devemos buscar conhecer quais são as informações que os outros negociadores/indivíduos têm sobre um mesmo objeto.

Por exemplo: duas pessoas assistiram a um mesmo filme. É possível que algumas cenas tenham passado despercebidas por uma das pessoas, ou que um detalhe não tenha sido visto, enfim, cada indivíduo pode depreender a mesma informação de diferentes formas.

Assim, o elemento cognição trata do conhecimento e do alinhamento das diferentes compreensões sobre o assunto em pauta, sobre o significado das palavras, ou seja, trata de reduzir o *gap* de percepção das partes sobre uma mesma questão.

4.1.4 Uma análise de casos reais de conflitos em empresas familiares sob a ótica dos dez elementos de negociação

Finalizando o tópico, apresentamos as características das empresas familiares no Brasil em dois casos ilustrativos: (a) o caso Dudalina S/A e (b) o caso da Mineradora Ltda. (cujo nome foi mudado por questões de compliance), e fazemos uma análise dos casos baseados nos dez elementos de negociação.

4.1.4.1 *Características de empresas familiares no Brasil*

Empresas familiares são responsáveis por 60% dos empregos diretos e 48% da produção nacional no Brasil e por pelo menos 85% do número total de empresas brasileiras (IBGE, 2012). Esses números apontam para o fato de que esse tipo de empreendimento é um componente bastante importante do cenário nacional.

Um estudo publicado pelo Serviço de Apoio às Micro e Pequenas Empresas (SEBRAE, 2014) aponta que há características positivas e negativas em relação à sucessão em empresas familiares no Brasil, para a primeira e para a segunda gerações de administradores.

Características positivas:

a. Operar uma estrutura administrativa enxuta, com comando único e centralizado, permitindo reações rápidas em emergências, unidos em torno do grupo fundador.

b. Disponibilidade de recursos de autofinanciamento obtidos a partir da poupança obrigatória feita pela família.

c. Importantes relações comunitárias e comerciais resultantes de um nome respeitado.

d. Organização interna leal e dedicada, baseada na confiança mútua, independentemente dos laços familiares. A formação de vínculos entre ex-funcionários e proprietários desempenha um papel importante no desempenho da empresa (funcionários ao longo dos anos, às vezes, são considerados parte da família).

Características negativas para a primeira geração (fundador vivo):

a. Excessivos autoritarismo e austeridade por parte do fundador, com pouca abertura a novas ideias provenientes da segunda geração familiar.

b. Dedicação exclusiva aos negócios familiares, com fortes vínculos emocionais, influenciando comportamentos, relacionamentos e decisões da empresa.

c. Antiguidade como atributo convincente que exceda a exigência de eficácia ou competência para o melhor cumprimento das atividades empresariais.

d. Expectativa de alta fidelidade e comportamento submisso dos funcionários.

e. Competição de poder entre membros da primeira geração da família.

Características negativas para a segunda geração:

a. A falta de comando central pode gerar uma resposta muito rápida para enfrentar os desafios do mercado.

b. Falta de planejamento a médio e longo prazos.

c. Falta de preparação/treinamento para os herdeiros.

d. Conflitos entre os interesses familiares e os da empresa como um todo.

e. Falta de comprometimento em todas as áreas da empresa, particularmente no que diz respeito a lucros e desempenho.

f. Apropriação do capital da empresa pelos herdeiros para uso próprio, geralmente em atividades não relacionadas às atividades da empresa.

g. Nepotismo forte sem orientação a critérios objetivos para o desempenho do trabalho.

h. Embate pelo poder entre os membros da segunda geração da família, com falta de interesse efetivo e participação da segunda geração na gestão familiar diária.

As desvantagens em ambos os casos (primeira e segunda gerações) apresentam temas sobre conflitos relativos à gestão de empresas familiares. Apresentamos, a seguir, dois casos de sucessão em empresas familiares:

    a. O caso da Dudalina SA.

    b. O caso da empresa Mineradora.

4.1.4.2 Caso #1: Dudalina: um caso de sucessão em empresa familiar no Brasil

A empresa familiar Dudalina foi fundada em 3 de maio de 1957, na cidade de Luís Alves, Santa Catarina, por Adelina Clara Hess de Souza e Rodolfo Francisco de Souza Filho, daí o nome: Duda (apelido de Rodolfo) e Lina (apelido de Adelina).

Situada num imóvel alugado em Santa Catarina, inicialmente, a família decidiu pela compra de tecidos de fornecedores provenientes de São Paulo, destinados à fabricação de camisas. Foi só em 1959, quando finalmente compraram equipamentos e insumos para produção, que a Dudalina realmente começou a ganhar contornos de uma empresa de vestuário (SOUZA, 1996, 2002). Dona Adelina sempre sonhou com uma grande família. Ela queria ter 20 filhos e quase conseguiu: eles tiveram 16 herdeiros.[1]

Em 1991, a Dudalina expandiu as operações para o público feminino (originalmente eram fabricadas apenas camisas masculinas).

O processo de sucessão na Dudalina se deu em etapas. Primeiro, com o fundador vivo; depois, apenas com os herdeiros.

---

[1] Para mais informações, consulte: http://dudalina.com.br/sa/empresa/

Inicialmente, o filho mais velho, Armando, ocupou a presidência da empresa até 2003. Dona Adelina, a matriarca da família e cofundadora da empresa, decidiu substituir Armando por Sonia Regina Hess de Souza, sexta filha do casal, e a caçula das irmãs. A decisão não teve o apoio de todos.

Uma discreta divisão se formou: 11 irmãos se posicionaram a favor da candidatura de Sonia, enquanto 5 ficaram contra. Em 2006, a Dudalina S/A criou a Dudalina Conceito, que reúne as marcas Individual, Base e Dudalina S/A nas lojas. Em 2007, eles comemoram o 50º aniversário de fundação da empresa e, em 2008, atingiram a impressionante marca de 50 milhões de camisas produzidas[2.] alcançando o topo da indústria no Brasil.

Quando Adelina faleceu, em 2008, a pressão era muito alta para gerenciar. Em 2009, Sonia demitiu Rene Murilo, gerente de Produção, aumentando o descontentamento entre os irmãos. Esse grupo tentou destituir Sonia do cargo de chefe da empresa, mas não obteve sucesso. Com isso, as relações deterioraram-se ainda mais (DIAS *et al.*, 2015).

Sonia lançou um ambicioso plano de marketing reposicionando estratégias de marca e de preço, visando ao alto valor/alto mercado de preços, aumentando o preço e remodelando a produção para incluir mulheres de negócios como alvo. De 2010 a 2013, a renda triplicou e o lucro foi dez vezes maior, fortalecendo a posição de Sonia como CEO da empresa. Em 2011, inauguraram uma nova fábrica em Blumenau, Santa Catarina. Em 2012, a Dudalina S/A inaugurou uma loja no Center Fashion Milan, a primeira loja da marca na Europa. No mesmo ano, inaugurou também uma loja no Panamá.

↳ *Desafio sucessório Dudalina S/A:*
16 herdeiros diretos e o confronto de poder

Em 2008, após a morte da matriarca Adelina Clara Hess de Souza, cofundadora da Dudalina S/A, todos os herdeiros — um total de 16 irmãos — disputaram o poder entre os membros da família. Sem um plano claro de resolução de conflitos sucessórios projetado e estabelecido para lidar com o futuro da empresa, os herdeiros organizaram-se em dois grupos: o primeiro contendo 11 irmãos e irmãs (incluindo a atual presidente da empresa, Sonia Hess) e o segundo grupo contendo 5 irmãos, incluindo o mais velho deles, Anselmo José (ex-CEO) e Vilson Luiz, chefe do Conselho de Administração que se opõem à gestão de Sonia. Basicamente, a disputa foi impulsionada por diferentes opiniões sobre a melhor forma de conduzir estrategicamente a empresa entre aqueles que apoiavam a manutenção do foco da Dudalina na indústria e aqueles que endossavam a mudança de foco da empresa para a cadeia de varejo.

Em 2009, René Murilo (diretor industrial) foi demitido pela irmã e presidente. O evento desencadeou uma série de processos. Anselmo e Vilson iniciaram uma campanha para promover Murilo à presidência da Dudalina em uma reunião do conselho que terminou com uma derrota: 11 herdeiros votaram a favor de Sonia, enquanto 5 votaram em Murilo (cada um votando em si mesmo, o que é de se esperar). A briga dividiu a família.

A situação piorou tanto que a ideia da maioria passou a ser a venda da empresa para compradores estrangeiros.

Em 2013, outra reunião do conselho estava programada para vender a Dudalina para um grupo de investimento estrangeiro. Dessa vez, Sonia obteve 9 votos favoráveis para concluir a operação, incluindo o dela. Uma vitória extremamente apertada, já que o placar total foi de 9 votos a 7 (DIAS *et al.*, 2015).

↳ *Dudalina S/A é vendida para fundos de capital privado norte-americanos*

A Dudalina S/A, uma das maiores empresas do mercado de moda brasileiro, após 57 anos como empresa familiar foi vendida a dois grupos de capital privado norte-americanos em 2014. Os grupos Advent e Warburg Pincus adquiriram 72,27% das ações da Dudalina S/A por aproximadamente US$400 milhões.

O Grupo Advent é um dos fundos de capital privado mais influentes da América do Norte e detém operações globais de US$32 bilhões em ativos. O Pincus Warburg (também de Nova York) foi fundado em 1966 e detém operações em mais de 125 empresas com mais de US$35 bilhões em ativos (FALCÃO; RESENDE, 2014).

Os novos proprietários enfrentaram julgamento judicial no Tribunal de Justiça brasileiro, questionando a legitimidade da operação. Eles mantiveram Sonia Hess na presidência da Dudalina S/A. Sonia Hess declarou: "Eu sou presidente da Dudalina enquanto forneço resultados. Se um dia eu não tiver mais, terei a humildade de sair" (AGUIAR, 2013, p. 1).

Apesar dos novos proprietários, a Dudalina S/A continua como um negócio familiar uma vez que um membro da família ocupa a presidência, alguns são acionistas e outros, membros do conselho (BOWER, 2007).

Como retaliação, os irmãos Rene Murilo e Renato Maurício decidiram não vender suas ações para o novo comprador. Sonia ficou com 6,31% das ações, contra 21,42% dos demais acionistas, incluindo seus irmãos dissidentes (FALCÃO; RESENDE, 2014).

↪ *Dudalina S/A é vendida ao Grupo Restoque em menos de um ano*

Em setembro de 2014, um ano após a transação ser concluída com a Warburg Pincus e o Advent Group, a Dudalina S/A foi vendida para outra empresa brasileira de negócios de moda: o Grupo Restoque (dono das marcas brasileiras Le Lis Blanc, Rosa Chá, John John e Bo.Bo). O Grupo Restoque adquiriu 50% das ações da Dudalina (os outros 50% permaneceram com o Grupo Advent) por R$1,75 bilhão, em 1º de outubro de 2014. A primeira operação de venda envolveu US$400 milhões (R$1 bilhão à época). O Grupo Restoque adquiriu 50% das ações, portanto, pelo menos a Dudalina vale R$5 bilhões (US$1,5 bilhão), quase três vezes a venda original paga pelos dois grupos norte-americanos em 2013. As 174.931.254 ações do Grupo foram incorporadas ao Grupo Restoque, provenientes da Dudalina S/A, operação aprovada pelo Conselho Administrativo de Defesa

Econômica (CADE) em 29 de outubro de 2014 e publicada no Diário Oficial da União.

↳ *O Grupo Restoque tornou-se a maior empresa brasileira de negócios de moda do setor*

Os diretores-gerentes da Dudalina e do Grupo Restoque, respectivamente Sonia Hess e Livinston Bauermeister permaneceram como CEOs de ambas as empresas. Com a união, o Grupo Restoque tornou-se o maior grupo de empresas de moda de alto padrão do país, com 308 lojas próprias, à ocasião:

> Com a fusão da Dudalina, que se tornou sua subsidiária integral, a Companhia adicionou ao seu portfólio uma das marcas mais reconhecidas no mercado, além das marcas Individual e Base, e agora detém também, com base nas informações de 30 setembro de 2014, 72 lojas das marcas da Dudalina, com foco no público masculino e feminino, e mais de 4.400 clientes multimarcas distribuídos em todas as regiões do Brasil. A Dudalina é uma empresa fundada em 1957 e focada na produção e na venda de camisas. Ao longo de sua história, a Dudalina se consolidou com uma notória marca de camisas high-end e expandiu sua linha de produtos com itens complementares (RESTOQUE, 2014).[2]

4.1.4.2.1 Análise do caso Dudalina por meio da matriz de negociações complexas (MNC)

O processo sucessório da Dudalina foi sumarizado nos parágrafos anteriores. Utilizamos os dez elementos da matriz de negociações

---

[2] Veja também o Grupo Restoque. *Histórico e perfil corporativo*. 2014. Disponível em: http://www.restoque.com.br/conteudo_pt.asp?idioma=0&conta=28&tipo=41514. Acesso em: 10 out. 2014.

complexas (MNC) para analisar o caso em questão (DUZERT, 2007), a saber: contexto, relacionamento, poder, concessões, padrões, conformidade, opções, interesses, cognição e tempo. A MNC é um dos instrumentos mais utilizados para análise de negociações complexas que existe.

↳ *Elemento do processo de negociação: Contexto*

A diferença entre o primeiro preço de venda para os fundos privados Advent Group e Warburg Pincus e, apenas seis meses depois, o preço pelo qual foi revendido para o Grupo Restoque (três vezes o valor da primeira venda) pode representar algo além de uma boa pechincha. Joseph L. Bower (2007), pesquisador da Harvard Business School nos últimos quarenta anos e especialista no assunto, afirma que o processo de sucessão das empresas é um desastre. O importante aqui é analisar detalhadamente o aspecto circunstancial da negociação.

↳ *Elemento do processo de negociação: Relacionamento*

Com dezesseis herdeiros em conflito, a luta pelo poder foi maior do que o esperado. Simplificando, muitas pessoas para decidir o que fazer e quem vai ser responsável pelo futuro da Dudalina. A família não estava preparada para lidar com o conflito dos familiares. O que poderia ser feito para remediar a situação seria a contratação de mediadores externos profissionais, a fim de pacificar a família, uma vez que conflitos internos têm como consequência a vulnerabilização da empresa perante o mercado.

↳ *Elemento do processo de negociação: Poder e concessões*

A família simplesmente não tinha uma clara sucessão e planos de gestão de conflitos para evitar a escalada da situação. Portanto, a briga interna entre os familiares enfraqueceu a posição da Dudalina e era apenas uma questão de tempo para aparecer investidores, compradores, aquisições hostis, e assim por diante. Um plano claro de sucessões poderia mitigar o problema.

↳ *Elemento do processo de negociação: Padrões e conformidade*

Claramente, os fundos de capital privado Advent e Warburg Pincus vislumbraram uma oportunidade e não perderam tempo: adquiriram a Dudalina por um preço muito baixo em comparação com a nova transação de venda. O Grupo Advent manteve 50% do negócio. O estreitamento dos laços familiares poderia ter fortalecido a empresa a fim de evitar o ataque de terceiros.

↳ *Elemento do processo de negociação: Opções e cognição*

Em relação às questões sucessórias, Bower (2007) também destaca o conceito de *inside outsider* como o mais adequado para o futuro perfil de CEO: alguém da empresa, mas com distância suficiente para executá-lo como foi adquirido recentemente. Nesse sentido, Sonia Hess de Souza declarou estar preparando um novo sucessor para o comando empresarial, um "forasteiro interno":

> Meu sucessor, estou preparando, é um diretor que está conosco há muito tempo. Falo com ele quase todos os dias. Compartilho todas as ações que tomo. Estou treinando-o para ser meu sucessor, e ele não é da família. (AGUIAR, 2013, p. 1).

Em suma, dentro da empresa, fora da família. Essa pesquisa lança mais luz sobre o valor que não é visto quando as disputas desfocam o raciocínio, principalmente quando se trata de relações sensíveis como nos negócios familiares. A solução é contratar ajuda profissional a fim de evitar a destruição da família e, consequentemente, do negócio.

↳ *Elemento do processo de negociação: Tempo*

Ir além do conflito para uma solução negociada na sucessão familiar é mais uma exceção do que uma regra, como mencionado por Bower (2007). Portanto, um Plano de Resolução de Conflitos deve ser mobilizado com a devida antecedência, como mecanismo de prevenção de conflitos que fragilizem a empresa, tornando-a vulnerável a investidas agressivas no mercado, pois é uma ferramenta útil em situações sensíveis como a sucessão familiar. Em outras palavras, um plano de sucessão empresarial deve englobar um plano de resolução de conflitos.

4.1.4.3 *Caso #2: Mineradora S/A uma empresa familiar*

Trata-se de um processo de sucessão familiar ocorrido numa mineradora de calcário dolimítico no Estado de Goiás. Por razões de compliance, nos referiremos à empresa daqui por diante como Mineradora S/A.

↳ *Utilização de calcário no Brasil*

O calcário no Brasil é utilizado para os seguintes propósitos:

1. Indústria de cimento e construção civil (66%).
2. Calcário agrícola (21%).
3. Cal (9%).
4. Outros usos (4%), como mostrado na Figura 3, na seguinte proporção:

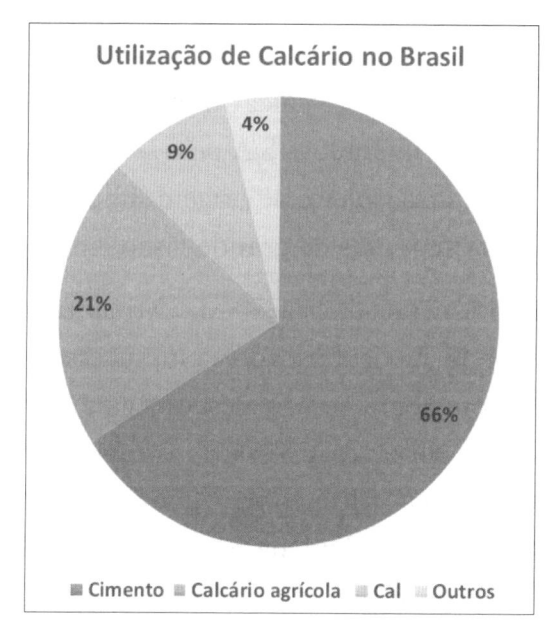

Figura 3 • Setores de calcário no Brasil
Fonte: DNPM (2018).

Observe na figura anterior que quase dois terços do calcário produzido no Brasil são utilizados na indústria de cimento — basicamente para construção civil —, enquanto o segundo maior uso é para fins agrícolas de correção de solos.

O solo brasileiro é geralmente ácido, e o calcário agrícola é usado para corrigir essa acidez. Isso explica por que o segundo maior uso de calcário no Brasil está, portanto, na agricultura.

A maior reserva de calcário do Brasil está localizada no Rio Grande do Norte, Região Nordeste brasileira, que já surgiu em mais de 20 mil quilômetros quadrados de calcário com espessura que varia de 50 a 400 metros (DNPM, 2018).

↳ *Mineradora S/A: histórico*

A empresa brasileira de calcário foi fundada nos anos 1980 e chamada de Mineradora S/A pelo seu fundador (doravante apenas fundador), sujeito de origem simples e baixo nível de educação formal, mas de grande visão empreendedora.

Anteriormente à criação da Mineradora S/A, o empreendedor já havia buscado com sucesso outras atividades para contribuir com o desenvolvimento do município onde morava, Goianésia (GO), mostrando com esse ato que suas expectativas futuras não eram de crescimento individual, mas da coletividade, sempre valorizando o ser humano, já que essa é a força motriz de qualquer negócio e sociedade civil.

Os produtos de calcário dolomítico, quebradiço e triturado começaram a ser fabricados, comercializados e vendidos em toda a região ao redor de Brasília, e em quase todos os municípios do Vale do São Patrício e do Norte de Goiás.

A empresa possui três minas localizadas nos Estados brasileiros de Goiás e Tocantins.

As vendas da Mineradora S/A ultrapassaram as fronteiras do Estado e hoje a empresa comercializa seu produto por diversos Estados brasileiros, como Tocantins, Minas Gerais, Bahia e Distrito Federal.

Essa força de pensar e agir visa a minimizar possíveis impactos ambientais negativos das atividades realizadas no meio ambiente, visando também à interação da comunidade do entorno que se beneficia das atividades desenvolvidas pela empresa. O fundador era casado e tinha quatro filhos — três filhas e um filho —, quatro herdeiros diretos no total.

↳ *O desafio sucessório*

O processo sucessório começou, no entanto, em 2008, quando o assunto passou a fazer parte das discussões iniciais, seguidas de um crescente conflito familiar.

Naquele momento, um dos diretores chamou à responsabilidade a filha mais velha do fundador, a fim de preservar a empresa e a família dos conflitos.

Não houve entendimento entre os irmãos e os diretores, cada um em uma área. O problema era que um diretor estava entrando na esfera do outro, demonstrando total despreparo emocional e profissional para estar dirigindo uma empresa de sucesso como essa.

Quando a irmã mais velha e diretora comercial assumiu essa responsabilidade para si mesma, a fim de restaurar a empresa e a harmonia familiar, ela entendeu então que a melhor coisa a fazer na época era buscar ajuda profissional.

A família, mesmo dividida sobre quem deve carregar o bastão para a próxima geração, decidiu em equipe contratar uma empresa de consultoria externa[3] em 2010, para atuar como mediadora neutra e externa, a fim de evitar o pior cenário: a ruptura dos laços empresariais e familiares.

Nesse ponto, o diretor comercial buscou a ajuda de uma instituição, o que poderia reverter esse cenário conflitante.

Essa instituição externa (mediadora) buscou analisar primeiro onde os problemas estavam ocorrendo na empresa familiar, e logo identificou a raiz da questão: a família. Exatamente o que deveria ser a solução, a demonstração de confiança e de gestão.

A primeira medida foi organizar sessões psicológicas com os familiares para mapear e entender se os problemas foram localizados. Em circunstâncias como essa, o primeiro passo é o mais problemático, porque um lado tende a acusar os outros, e esse caso provou não ser diferente dos semelhantes. Não havia solução rápida para esse caso. A consultoria tem atuado em mediação nos últimos dez anos.

Esse é um processo contínuo, passo a passo, e difícil. Os herdeiros começaram a se preparar para assumir funções de forma profissional. Eles iniciaram um programa educativo dentro da família para treinar, motivar e qualificar os diretores (herdeiros), por meio de treinamento, educação e programas motivacionais. As medidas iniciais estavam funcionando bem; os primeiros resultados vieram à tona.

---

[3] O nome da empresa foi mantido sob sigilo por solicitação.

No entanto, há alguns anos, a matriarca da família faleceu. Mais uma vez, os conflitos se intensificaram e, novamente, atrapalharam a estrutura societária da empresa. Ao mesmo tempo, a filha mais velha, que já havia assumido o comando da situação, encontrou-se mais uma vez passando por cima de toda a sua dor momentânea, e foi em busca de soluções.

A solução foi buscar um mediador externo para intervir na situação e envolveu o que Robert Bower chama de "passagem do bastão" (BOWER, 2007). Nesse caso, a empresa é preparada devidamente para o processo sucessório, especialmente quando o fundador é vivo.

A seguir, analisaremos o desdobramento do caso sob a óptica da matriz de negociações complexas.

Análise do caso sob a ótica da matriz de negociações complexas

O processo sucessório da Mineradora S/A foi sumarizado nos parágrafos anteriores. Utilizamos os dez elementos da matriz de negociações complexas (MNC) para analisar o caso em questão (DUZERT, 2007), a saber: cognição, tempo, padrões, conformidade, poder, contexto, relacionamento, opções, concessões e interesses.

Elemento do processo de negociação: Cognição

O apoio psicológico foi adicionado ao programa para pacificar os competidores, que começaram a reviver velhas queixas, nunca totalmente resolvidos. Nesse sentido, o perdão se mostra necessário para evitar a escalada de conflitos.

No primeiro momento, a família rejeitou a intervenção de um psicólogo profissional, como se não fosse necessário. O auxílio psicológico mostrou-se fundamental para evitar a desintegração dos laços familiares.

↳ *Elemento do processo de negociação: Tempo*

Após um período turbulento de dez anos de preparativos de longo prazo, no qual os parceiros estavam sendo preparados para realmente estar qualificados para dirigir a empresa, essa transição está em pleno andamento. É importante estabelecerem metas e etapas de transição, em prazos devidamente estipulados.

↳ *Elemento do processo de negociação: Padrões e conformidade*

Essa qualificação levará os sócios a um cargo em que eles possam discutir o curso da empresa, na verdade, devem discutir os rumos da empresa, mas alocados como conselheiros. E a parte realmente operacional será entregue a profissionais qualificados, cada um em seu departamento, é claro, sempre se reportando ao conselho quando solicitado. Portanto, as regras de transição devem ser claras e cumpridas fielmente, com critérios justos, a fim de evitar insatisfação futura entre as partes.

↳ *Elemento do processo de negociação: Poder*

As sessões com o acompanhamento do psicólogo também mostraram grande valor, uma vez que não é da noite para o dia que o trono do rei será removido. O processo de sucessão deve ser gradual e planejado, a fim de se evitar confrontamentos destrutivos.

↳ *Elemento do processo de negociação: Contexto*

Esse trabalho de acompanhamento da empresa de consultoria e do psicólogo ainda tem um tempo estimado em mais dois anos para se desdobrar, porém, os efeitos positivos dessa busca por ajuda aparecem a cada dia que passa, a cada decisão que é tomada pelos diretores. Aqui, a análise de cenários é fundamental para se estabelecer o cronograma das operações.

↳ *Elemento do processo de negociação: Relacionamento*

A maturidade profissional é explícita e, junto com ela, a equipe também, pois desentendimentos como os de outrora não são mais tomados como pessoais. É verdade que onde há mais de uma pessoa que comanda e pensa, sempre haverá momentos de discórdia, mas estes sempre serão enfrentados de forma profissional, não mais pessoal.

As empresas familiares têm um potencial fantástico em suas mãos, que deve ser cuidado, e essas mesmas mãos gerenciarão esse potencial. Aqui, o apoio psicológico profissional é recomendado, a fim de se evitar a desintegração do relacionamento entre as partes.

↳ *Elemento do processo de negociação: Opções*

A decisão tomada, com total auxílio da consultoria, foi criar uma holding projetada para controlar as três subsidiárias.

Os ex-diretores (herdeiros) assumiriam novos cargos nessa holding como membros de um Conselho Administrativo e Fiscal, com as operações conduzidas por executivos profissionais. Aqui, opções de valor mútuo devem ser criadas a fim de resolver impasses.

↳ *Elemento do processo de negociação: Concessões*

Essa abordagem foi acordada por todos os familiares, responsáveis pelas decisões estratégicas sob uma perspectiva colegiada, com foco no futuro da empresa, separando as operações da estratégia, em suma. As partes devem estar cientes de que concessões vitoriosas podem ser feitas a fim de preservar o ganho coletivo acima do individual.

↳ *Elemento do processo de negociação: Interesses*

O processo de sucessão está acontecendo com sucesso, após a preparação a longo prazo, o que se mostrou frutífero nesse caso. O interesse maior — que não houvesse desintegração do negócio e consequentemente da família — está sendo atingido aos poucos, o que não implica em correções de rumo e ajustes futuros. Os interesses de todas as partes devem ser levados em consideração.

4.2 Conflitos em empresas criativas e culturais

As indústrias criativas têm em seu núcleo aquelas atividades que têm origem na criatividade, na habilidade e no talento individuais e que têm potencial para gerar riqueza e criação de empregos por meio da geração e exploração da propriedade intelectual.

As empresas que têm como seu core business a criatividade — como, por exemplo, empresas de varejo de moda, empresas do segmento de luxo, empresas de eventos culturais, empresas de marketing, ou, ainda, as empresas da área de novas tecnologias como as *fintechs*, desenvolvedores de software, desenvolvedores de aplicativos — têm em comum o grande valor de seus ativos intangíveis.

Nesse tipo de empresas temos a figura dos "desenvolvedores de novos produtos", ou, como no caso de empresas de varejo de moda ou de luxo, existe a figura do "criador ou artista", ou seja, uma pessoa que está ligada às artes e ao abstrato. Esses são o capital intelectual dessas empresas, ou seu bem intangível de maior valor. Muitas dessas empresas também possuem marcas que têm um alto valor, dada a percepção de valor que os seus consumidores veem em seus produtos.

Dentro do setor de empresas criativas podemos fazer a divisão entre dois conjuntos de empresas. O primeiro conjunto dessas companhias, no qual a equipe de trabalho criativo é o principal motor de desenvolvimento de uma "nova economia", é chamado de *intensidade criativa* ou indústrias de tecnologia. O segundo conjunto em que as indústrias culturais têm criatividade em seu negócio principal, significando os atributos estéticos de produto e de processo, se chama *distinção criativa*. O que podemos observar nesses tipos de empresas são os conflitos de gerenciamento. Na maioria dos casos, os "criadores" ou os "desenvolvedores" não têm muito conhecimento de como gerir uma empresa, o que logo acaba gerando conflito entre os gestores do negócio e os "criadores". Esse tipo de conflito é tema de várias pesquisas e artigos, sendo conhecido como a batalha entre "creatives & suits".

O tema do gestor criativo *versus* o gestor de negócios ou o ator com pensamento cartesiano ganha destaque no best-seller *Loonshots: how to nurture the crazy ideas that win wars, cure diseases, and transform industries* de Safi Bahcall, no qual o autor descreve o que de fato ocorreu para que os aliados derrotassem os alemães nos mares, com a destruição de seus submarinos. No caso, os artistas ou engenheiros que criaram os produtos que detectavam os submarinos e os soldados que eram os atores cartesianos que não acreditavam nas ideias. Os atritos ocorridos e finalmente a criatividade dos engenheiros é posta à prova e o produto criado ajuda os soldados a derrotar os submarinos alemães.

Dessa forma, ainda que as empresas criativas tenham em comum o alto valor de seus bens intangíveis, existem pequenas diferenças em empresas da área tecnológica e empresas culturais que têm foco somente na criatividade para desenvolvimento de seus produtos. Para fazer nosso diagnóstico, vamos dividir as empresas por setores de atuação; empresas da área de tecnologia e empresas criativas.

4.2.1 Empresas de moda, do segmento de luxo e de produtos premium (empresas com ativos intangíveis de alto valor)

Empresas de moda, do segmento de luxo e de produtos premium tendem a ter a valorização de sua marca como foco principal de suas estratégias. Com base nesse cenário, essas empresas necessitam de investimento para que façam suas marcas ganharem valor, porém, investimento para a valorização de uma marca na maioria dos casos é de difícil mensuração. O retorno vem no longo prazo. Essa impossibilidade de desenvolver uma mensuração acurada causa uma dificuldade de análise pelos financistas que são cartesianos.

Logo, a intangibilidade da valorização de uma marca gera atritos entre os gestores dessas empresas. A figura do criador, ou seja, daquele profissional que tem a ideia para desenvolver os produtos e as ações para que a marca cresça de valor, tem geralmente atritos com os gestores do negócio devido às diferentes habilidades profissionais e visão de negócio. A seguir, descrevemos essas situações em detalhes e as diferentes características desses profissionais que, se não tiverem a habilidade de negociar desenvolvida, podem gerar conflitos prejudicando a performance dessas empresas.

4.2.1.1 *Diagnóstico*

Essas empresas têm características específicas, de criação de produtos e de gerenciamento da empresa e valorização de suas marcas. O criador, também chamado de artista ou diretor de criação, e os gestores de marketing, que são responsáveis pela implementação da estratégia empresarial advinda da criação do produto, costumam ter uma característica diferenciada em suas visões de negócio. Dessa forma, esses setores têm como foco a valorização de suas marcas, o que torna o desenvolvimento de estratégias de marketing diferenciadas de vital importância para esse tipo de empresa.

Muitas dessas estratégias não seguem o padrão normal das estratégias de marketing para empresas de outros setores. Em muitos casos, o marketing segue uma cartilha de ações que são contra as leis das finanças e da administração, como é o caso dessa estratégia para empresas de luxo. Nessas empresas, o atrito entre gestores é quase certo (CFO x Diretor de Criação x CMO). Os gestores do negócio e os gestores financeiros têm muita dificuldade em desenvolver estratégias quando as empresas têm alto valor intangível de seus ativos, o que nesse setor é mais agravante dadas as estratégias de marketing que são diferenciadas. Nesse caso, a mente cartesiana do gestor financeiro precisa ser aberta para novas formas de gerir essas empresas, e o gestor de marketing e o diretor criativo devem ter em mente as limitações de recursos que o gestor financeiro possui para gerir a empresa. Portanto, se faz necessária uma negociação *win-win* entre CFO x Diretor Criativo x CMO na qual a empresa seja a grande beneficiada por meio da valorização de sua marca.

Confira diversas situações que mostram os diferentes interesses entre esses profissionais e que levam ao conflito:

↳ *Confiança*

> Construir confiança mútua entre os profissionais de criação, o CFO e o CEO é uma condição mandatória para que a empresa obtenha sucesso e crie valor. Dadas as diferenças em suas atribuições, muitas vezes essa confiança é difícil de ser construída, dado que o criador/CMO e o *businessman* possuem objetivos muitas vezes distintos. Para que essa condição aconteça devem trabalhar com senso de equipe, sendo que esses profissionais devem trabalhar em harmonia, focando o mesmo objetivo. Dentro desse contexto, cada profissional deve ter confiança no trabalho do outro para que, por meio de uma construção de consenso, possam atingir objetivos estratégicos que criem valor para a empresa.

↪ *Ego inflado*

Ego é a marca registrada dos criadores. Essa característica é comum e vem do fato de que seus produtos desenvolvidos obtiveram sucesso e são reconhecidos pelos consumidores, fazendo com que sua marca tenha um alto valor intangível. Alie a isso o fato de que muitas vezes essas empresas têm na figura do seu criador a pessoa que foi fundadora da empresa. Com base nesse contexto, a figura do *businessman*, seja ele um CEO ou um CFO, deverá ter muita habilidade e capacidade de negociação para implementar suas ideias que muitas vezes são contrárias às dos criadores, mas de fundamental importância para que a empresa performe e crie valor.

↪ *Respeito*

Respeito mútuo, ou seja, respeitar as diferentes habilidades e visão de negócio do criador e do *businessman*. Dentro de empresas de luxo, moda e produtos premium existem muitas críticas de ambas as partes, sejam elas em relação ao trabalho do *businessman* pelo criador ou vice-versa. Essa falta de respeito gera conflitos, acarretando problemas que afetam o desempenho da empresa no curto e no longo prazo.

↪ *Relacionamento interpessoal*

Diferenças de habilidades pessoais podem levar a atrito de relacionamento nas empresas criativas. Nesse caso específico, no qual a figura do criador e o CMO são ligados a artes e a estética é sua principal habilidade, e o CFO e o CEO são cartesianos e racionais, existe uma "radicalização de visão de negócio", sendo que o criador foca a estética e o CFO e o CEO focam números. Assim, caso não haja uma mediação entre esses profissionais, esses conflitos podem gerar a queda de performance dessas empresas.

↳ *Aversão/propensão ao risco*

Criadores de produtos (que possuem habilidades estéticas) são propensos a se arriscar. Podemos imaginar que nesses casos temos as diferenças de *skills* pessoais muito latentes, onde de um lado temos os homens de negócio, que são cartesianos e avessos ao risco, e do outro lado os artistas (criadores e CMOs) que pensam de forma abstrata e são propensos a se arriscar, assim como todas as pessoas que têm um perfil mais estético. O principal foco dos criadores é no produto; o lado artístico de sua criação é seu principal objetivo. A beleza de suas criações tem um peso maior do que a parte comercial. Geralmente não analisam se o produto gerará lucro para a empresa. Portanto, a criação de um portfólio de produtos sem a devida análise comercial é muito frequente, o que faz suas decisões serem mais arriscadas.

4.2.2 Empresas criativas da área de tecnologia

A revolução industrial do século XXI está em pleno curso. Empreendedorismo e inovação passam a ser o objetivo de profissionais que desejam se destacar em suas áreas de atuação. O novo *mindset* desses profissionais passa pelo entendimento de que é preciso criar soluções para problemas existentes de nosso dia a dia.

O que é feito tanto com a criação de novos produtos nas empresas existentes como também por meio da criação de novas empresas que foquem esse desenvolvimento. Logo, para que a estratégia de desenvolvimento de novos produtos que solucionem problemas e reduzam qualquer atrito tenha sucesso, é necessário usar a criatividade. Porém, o uso da criatividade como objetivo principal de uma empresa faz com que problemas de gerenciamento relacionados à implantação de processos gerenciais e financeiros, para que a empresa crie valor, sejam motivo de atrito entre os criativos e os homens de negócio. Dessa forma, devemos mapear esse problema, analisar o perfil das pessoas envolvidas e utilizar as técnicas de Newgotiaton para que a empresa aumente sua performance.

4.2.2.1 *Diagnóstico*

Os desafios para as empresas criativas são enormes. As mudanças na maneira como as organizações estão fazendo negócios, às vezes, parecem um pouco radicais. A revolução digital trouxe algumas dessas mudanças drásticas em que as empresas tecnológicas criam uma nova maneira de fazer negócios por meio do desenvolvimento de novas formas de comportamento do consumidor. Por exemplo, a criação de novos meios de pagamento pelas *fintechs* está mudando o cenário dos mercados financeiros. Portanto, os bancos estão tentando encontrar uma maneira de revolucionar a maneira como fazem negócios.

Gerenciar uma organização criativa, tornando-a lucrativa, implantando processos e controles corretos, e, ao mesmo tempo, dando aos profissionais criativos a liberdade de criar e manter essa criatividade dentro de limites gerenciáveis e produtivos, não é uma tarefa fácil. Existe um grande desafio gerencial nos setores criativos que diz respeito ao fato de que os sistemas criativos devem apoiar e comercializar seus novos produtos. No entanto, o sistema não pode suprimir a inspiração pessoal, que é a raiz da criação de valor. A análise da gestão da criatividade é um tanto complexa devido à romantização do indivíduo criativo, além da oposição que existe entre a lógica criativa e a lógica da gestão de negócios.

Dessa forma, existe uma necessidade específica de reconciliar tensões entre o ethos do trabalho e as práticas de recursos humanos em atividades criativas e mais rotinizadas e equilibrar as vantagens da organização onde existe uma flexibilização e uma integração entre os setores. Como as organizações das indústrias criativas de outros setores. Elencamos a seguir alguns pontos que observamos como sendo necessários para o mapeamento do perfil dos diversos profissionais ligados a empresas desse setor. Assim, podemos desenvolver um *framework* baseado na técnica de negociação para alinhar toda a empresa a um objetivo comum, que seria a criação de valor.

↳ *Conflito de gerações*

Muitos consideram as empresas de novas tecnologias como empresas que estão promovendo a 4ª revolução industrial. O corpo de funcionários dessas empresas é composto em sua grande maioria por jovens da geração Y e também da agora a crescente geração Z, que já nasceram no mundo digital e têm diferentes visões do mundo dos negócios e de vida em relação às pessoas de gerações anteriores. Logo, esses jovens assumem o coração da empresa produzindo tecnologia de ponta por meio da inovação de seus novos produtos. Porém, sua visão de mundo entra em conflito com as gerações mais antigas que costumam ser os gestores de negócio contratados por essas empresas para fazer com que elas se desenvolvam e criem valor para o acionista.

Esses conflitos de gerações muitas vezes geram atritos que devem ser contornados em prol do crescimento da empresa. Assim, cabe ao gestor, frequentemente um funcionário com mais experiência, negociar com os jovens um balanceamento das decisões a serem tomadas de forma a não prejudicar o andamento do negócio e, ao mesmo tempo, atentar para valores que são a bandeira das novas gerações, como a sustentabilidade e a responsabilidade social das empresas.

↳ *Ego inflado*

Este ponto de atrito é comum a vários clini-cases. Ou seja, o ego é um fator de atrito entre pessoas de uma forma geral. Porém, em uma empresa de tecnologia ele pode estar fortemente presente na característica pessoal do criador da empresa. Nesse caso, essa situação sofre ainda o agravante de que o assunto técnico que só o criador da empresa domina, e sua capacidade de pensar em inovação, fazem dele uma pessoa mística, capaz de ter solução para todos os problemas de nossas vidas. Ou seja, qualquer interferência na comercialização de seu produto, ou alteração na estratégia *core* da empresa que mexa com as pretensões de crescimento de vendas dos produtos, ou até a interferência em algum aspecto que possa atingir o sucesso desse produto, mexeria no seu ego de criador. Assim, o gestor do negócio deverá ter muita experiência e capacidade de negociar com essas pessoas a fim de conseguir atingir seus objetivos e fazer a empresa alcançar melhor performance.

↳ *Liderança de grupos diversos*

Em uma empresa de tecnologia, não existem só os atritos entre o gestor de negócios e os técnicos e criadores — batalha esta denominada de *"creative and suits"*. Os gerentes de projetos têm que lidar com diferentes silos de desenvolvimento de produto, dessa forma isso faz com esse profissional deva ter uma capacidade de liderança e uma *skill* de negociação bem desenvolvidas. Diversas fases desse desenvolvimento devem ser canalizadas para a finalização do produto, portanto, aspectos como prazos de entrega, velocidade de produção, custos e alinhamento de toda equipe em prol da estratégia macro da empresa são desafios do dia a dia que esse profissional deve encarar. Saber negociar com todos esses funcionários para atender às suas demandas, deixá-los motivados, aumentando sua produtividade para atingir o objetivo *core* da empresa, é fundamental.

↳ *O especialista e o generalista*

Em uma empresa de tecnologia, encontramos muitos técnicos que olham seu produto como sendo o foco principal de seu trabalho. Essas empresas em alguns casos departamentalizam a criação das partes de seus produtos, quando em cada departamento existe um líder que é um técnico. Outras não são departamentalizadas e todos os técnicos são responsáveis pela criação de um único produto. O fato é que essas empresas de tecnologia têm em sua equipe de criação o coração da empresa, onde a alma é a mistura da criatividade com os fatores técnicos do mundo digital. Logo, esses corpos de funcionários, nos quais incluímos até o criador e o proprietário da empresa, têm em comum o desafio da inovação, a solução de problemas do cotidiano dos consumidores com o uso da tecnologia (de seus produtos). Portanto, a visão generalista não é um dos pontos fortes dessas pessoas. Porém, para a empresa crescer e gerar valor, é necessário um funcionário com uma visão de negócio.

Dessa forma, começam os desafios que devem ser encarados para a criação de uma empresa saudável e geradora de valor, pois esse gestor com visão de negócio deverá ter pela frente alguns pontos de atrito com os "técnicos digitais". Processos, avaliação de rentabilidade do negócio, período de maturação de um investimento, e avaliação de riscos mais detalhados do negócio são pontos críticos. Portanto, para que o gestor do negócio tenha sucesso em sua jornada, a sua capacidade de negociação deve ser uma de suas *skills* mais desenvolvidas.

↳ *Liderança colaborativa por meio da negociação*

Líderes de empresas de tecnologia devem buscar um meio de aumentar a competitividade das empresas. Uma dessas formas seria alcançar fora dos limites organizacionais tradicionais a construção de relacionamentos colaborativos que sejam competitivamente vantajosos para as partes envolvidas. Dessa forma, o *core business* de empresas de tecnologia tem de certa forma o objetivo de criar soluções para assuntos mais complexos, enfatizando essa nova maneira de colaboração. O sucesso das estratégias colaborativas exige que os líderes enxerguem seus próprios interesses para incluir os interesses dos parceiros que, trabalhando juntos, podem fornecer vantagem competitiva mútua.

Essa é a principal visão de negócio de novas empresas de tecnologia. As habilidades de negociação são fundamentais para a criação de tais colaboração e relacionamentos. Nas últimas duas décadas, vários programas de desenvolvimento de liderança foram implementados com o objetivo de ensinar a líderes como ir além dos modelos tradicionais de liderança a fim de se tornarem mais colaborativos em suas práticas de liderança. O foco colaborativo desses programas incentiva os líderes a desenvolver habilidades que os ajudam a se relacionar melhor com as outras pessoas. A orientação colaborativa desses programas é semelhante na intenção de um subconjunto de comportamentos de negociação referidos como negociação integrativa ou baseada em interesses (LEWICKI; SAUNDERS; BARRY, 2006). Assim, as empresas de tecnologia poderão desenvolver mais facilmente seus produtos de forma a atender cada vez melhor seu consumidor.

4.2.3 Metodologia *Scrum* – o papel do *Scrum Master* como mediador

A metodologia *Scrum* vem ganhando relevância na gestão de projetos na área de software. *Scrum* é uma abordagem cada vez mais comum para o desenvolvimento de software adotada por organizações em todo o mundo. Ela tem a característica de ser ágil na gestão e no planejamento de projetos de software. Assim, os projetos são divididos em ciclos (preferencialmente mensais) chamados de *Sprints*. O *Sprint* representa um *Time Box* dentro do qual um conjunto de atividades deve ser executado. Essas metodologias ágeis de desenvolvimento de software são interativas, dessa forma, o projeto é dividido em iterações, que são chamadas de *Sprints* no caso do *Scrum*. No início de cada *Sprint*, desenvolve-se um *Sprint Planning Meeting*, ou seja, uma reunião de planejamento na qual o *Product Owner* dá prioridade aos itens de atividades de determinado produto e a equipe escolhe quais atividades ela será capaz de implementar durante o *Sprint* que se inicia.

Para que essa metodologia seja implementada e executada, é necessário que os líderes das unidades destes projetos, os chamados *Scrum Masters*, tenham a habilidade de liderança com foco em negociação bem desenvolvidos. Dentre as suas funções, o *Scrum Master* busca assegurar que a equipe respeite e siga os valores e as práticas da metodologia *Scrum*. Esse profissional também dá direção à equipe assegurando que ela não se comprometa em demasia no que tange àquilo que é capaz de desenvolver durante um *Sprint*. Esse profissional na realidade atua como um mediador, pois ele se torna responsável pela remoção de quaisquer obstáculos que porventura causem algum problema na equipe.

O papel do *Scrum Master* é tipicamente exercido por um gerente de projeto ou gerente de produto, mas em princípio pode ser qualquer pessoa da equipe. Geralmente esse profissional é escolhido, ou pelo menos deveria ser, por sua capacidade de liderança focada em negociação. O desafio de um *Scrum Master* é enorme já que no seu time de desenvolvimento não é necessário existir uma divisão funcional por meio de papéis tradicionais nos quais os profissionais assumem a função/cargo de programador, designer, analista de testes ou arquiteto. Em vez disso, esses profissionais trabalham juntos no projeto com o objetivo de finalizar o conjunto de trabalho necessário para completar um *Sprint*. Garantir que projetos sejam concluídos com toda a qualidade esperada, além de no prazo predeterminado, não é uma tarefa fácil. Por isso, o papel do *Scrum Master* é necessário para garantir que as metodologias ágeis sejam aplicadas da melhor forma possível.

O *Scrum* de *Scrums* é uma técnica de agilidade de escala que oferece uma forma de conectar várias equipes que precisam trabalhar juntas para entregar soluções complexas. O profissional responsável por esse trabalho deve ser ainda mais habilidoso no trato com pessoas, na comunicação dos objetivos de forma clara, na sua capacidade de liderança e de negociador. Essa função exige mais ainda do profissional, pois cada time tem um objetivo e o *Scrum* dos *Scrums* deve alinhá-los. Mostrando de outra forma, ele ajuda uma equipe a desenvolver e entregar produtos complexos por meio de transparência, inspeção e adaptação em escala. O *Scrum Master* é bem-sucedido quando ele consegue alinhar os objetivos de todos os participantes da equipe de *Scrum* de alto desempenho em prol de uma meta em comum, fazendo com que os integrantes da equipe desenvolvam confiança e respeito mútuos e estejam alinhados por completo.

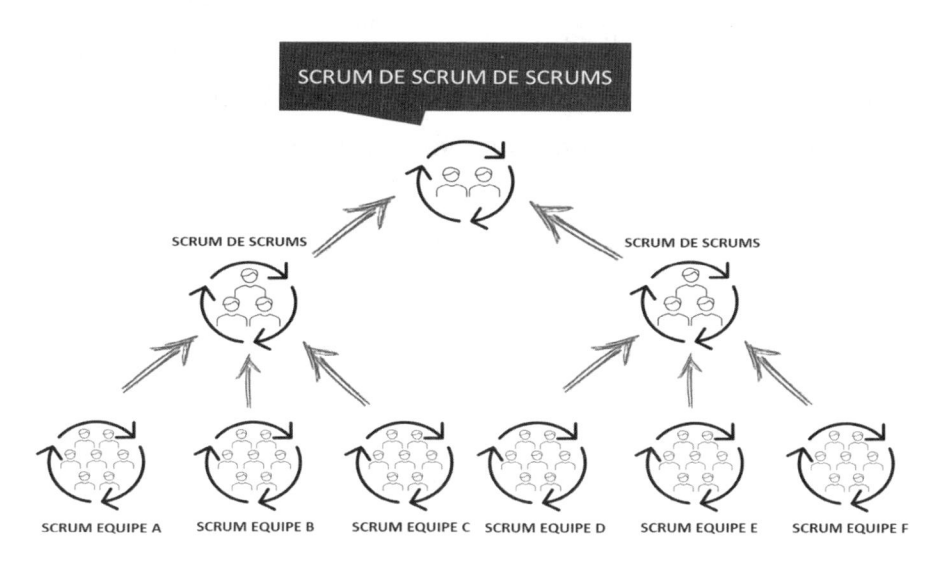

Figura 4 • Técnica *Scrum* de *Scrums*
Fonte: Autoria própria.

4.2.3.1 *Diagnóstico*

O papel do *Scrum Master* é ser um mediador que deverá atender às exigências dos clientes e defender o projeto; formar uma equipe inovadora, motivada e eficaz; se relacionar bem com os stakeholders, com o time e com o *Product Owner*; facilitar reuniões; remover impedimentos; e aplicar regras. Para tantas atribuições, é preciso ter um conjunto de habilidades que vai permitir uma visão global sobre um projeto, envolvendo tanto habilidades técnicas como socioemocionais. Como podemos observar, essa função é de vital importância em empresas desenvolvedoras de projetos de sistema. Assim, quando um *Scrum Master* é escolhido apenas por suas habilidades técnicas, é possível haver problemas nesse tipo de gestão que necessita de muita agilidade e adaptabilidade por parte de cada time ou *Scrums*.

Não é à toa que a literatura aponta o gestor de produtos como o candidato ideal para assumir o cargo de *Scrum Master* ou até de *Scrum* de *Scruns* (que é um profissional que deve alinhar os diversos objetos de cada *Scrum Master*), dado que o gerente de produto tem o objetivo de valorizar o produto e interagir com os stakeholders, o que exige maior flexibilidade e capacidade de negociação. Já o gerente de projetos tem um perfil mais técnico, o que de certa forma o torna mais focado em técnica do que em negociação. O *Scrum Master* é responsável por facilitar o processo de desenvolvimento, garantindo que a equipe use toda a gama de valores, práticas e regras ágeis apropriados. O *Scrum Master* conduz reuniões de coordenação diárias e remove quaisquer impedimentos que a equipe encontre.

Seis atividades do *Scrum Master* foram identificadas em grande escala no contexto organizacional distribuído: âncora do processo, facilitador *stand-up*, removedor de impedimento, planejador de *sprint*, facilitador de *Scrum* de *Scrums* e âncora de integração de seu time. A remoção de impedimentos faz parte do *Scrum Master* como a função de "gerente servidor": o *Scrum Master* serve como um negociador entre o Time *Scrum* e as pressões externas, assim, ele tenta proteger recursos ou remover alguns pontos de atrito que geralmente vêm do cliente, evitando que o processo fique bloqueado. Na realidade, o *Scrum Master* é o negociador que atuará no equilíbrio de poder entre os interesses "comerciais" e "técnicos" na definição de metas realistas de *sprint*, e que façam sentido para os clientes. Os pontos mais sensíveis que um *Scrum Master* encontra no seu dia a dia são os conflitos que existem tanto no que tange aos interesses dos profissionais do time com relação ao próprio gerenciamento interno da equipe como na relação com os clientes.

A seguir elencamos alguns desses principais conflitos nos quais o *Scrum Master* deve agir mediando os diversos interesses e atingindo o balanceamento ideal para que as metas sejam atingidas. O papel de *coach* para o *Scrum Master* é fundamental. Ele precisa ajudar todos a seguir os valores da metodologia ágil, sabendo explicar como e por que as práticas devem ser seguidas. Dentro dessa habilidade de treinamento, também deve ser considerado ter foco em melhorar habilidades dos membros da equipe para um trabalho colaborativo. Saber negociar é mandatório para que o *Scrum Master* atinja a sua melhor performance. A seguir, listamos alguns tipos de profissionais que existem em equipe e o *Scrum Master* deverá usar toda a sua habilidade para quebrar esta resistência.

↳ *Ego inflado*

É comum encontrarmos essa característica entre um ou mais membros da equipe. Ocorre que dentro da metodologia *Scrum*, na qual se busca agilidade e adaptabilidade, ter um membro que tenha um ego inflado pode ocasionar sérios conflitos com o consequente atraso de cumprimento de metas. Esse profissional, por suas características, tende a evitar algum tipo de "derrota" de suas ideias, pois para ele é mais importante ser reconhecido por suas atitudes e sugestões de trabalho do que pelo atingimento da meta de toda a equipe dentro do prazo estabelecido. Caso o *Scrum Master* não tenha a habilidade de lidar com esse profissional, fazendo-o enxergar a importância do espírito de equipe, poderá ter sérios problemas no atingimento das metas e consequentemente comprometer toda a execução do trabalho.

↳ *O dono da verdade*

É muito comum aparecer algum profissional com essa característica em uma equipe de trabalho. Diferente do profissional com o ego inflado, que quer ser reconhecido como o melhor, o dono da verdade é a pessoa que, por meio de suas colocações, mostra que entende de tudo e se considera o melhor em todas as atividades que são demandadas para toda a equipe, não importa quais sejam. Esse profissional, devido à sua característica, muitas vezes atrapalha a criação de consenso para o desenvolvimento de certas atividades. É sua característica também criticar quando algo não dá certo em vez de propor soluções. Assim, cabe ao *Scrum Master* desenvolver um *coaching* para essa pessoa com o objetivo de reduzir pontos de atrito entre ela e a equipe.

↳ *O desagregador*

É comum encontrarmos alguns profissionais que, por estarem insatisfeitos por alguma situação, contagiam os demais criando um *looping* de descontentamento entre os integrantes da equipe, trazendo sérios prejuízos ao desenvolvimento das tarefas que deverão ser feitas. Geralmente dizemos que, no caso de haver uma maçã podre num cesto, devemos tirá-la e jogá-la fora. Mas num *Scrum Team*, nem sempre essa é a melhor atitude a ser tomada, pois pode acarretar descontentamento de outros grupos pela retirada do profissional, ou, ainda, em muitos casos, este profissional tem uma capacidade técnica e produtividade altas e a sua simples retirada da equipe poderia trazer perda de performance. Portanto, entender o que está lhe desagradando e negociar com ele uma solução é o papel do *Scrum Master*, que assim na maioria dos casos conseguirá acertar o rumo da equipe.

↳ *O reivindicador*

A característica mais forte desse profissional é a liderança. Influência e dominância altas fazem desse profissional, caso não seja orientado adequadamente, um potencial problema para o trabalho do *Scrum Master*. É muito frequente ter dentro de uma equipe de trabalho mais de um profissional com habilidades de liderança, porém, quando ele tem essa capacidade e é um reivindicador contumaz, a dificuldade do líder da equipe se acentuará, fazendo com que o *Scrum Master* utilize sua capacidade de negociar para evitar conflitos, que são comuns nesses casos.

↳ *O injustiçado*

A principal característica que encontramos em um profissional que se diz injustiçado é a desmotivação com o seu trabalho. Os motivos que os levam a se sentir injustiçados são diversos e vão desde oportunidades de promoção de cargo a melhores salários, falta de feedback positivo quando desempenham uma tarefa e atingem uma ótima performance, dentre outras mais. Portanto, cabe ao *Scrum Master* observar se existe algum profissional desse tipo dentro do time, fazer um *coach* com ele para que sejam quebradas algumas barreiras impeditivas do bom desempenho do injustiçado dentro do time, e negociar com ele uma solução. Essa solução por vezes não é a que o injustiçado espera para no momento voltar a ter motivação e ter um melhor desempenho, porém, se bem-negociada pelo *Scrum Master*, pode proporcionar a esse profissional desmotivado uma nova forma de enxergar a situação e fazer com que ele melhore seu desempenho.

4.2.3.2 *Prescrição técnica para solução de conflitos em empresas criativas e culturais por meio do método (MNC) em Newgotiation*

Elemento do processo de negociação: *Relacionamento*

Solução para diagnósticos em casos de: *O desagregador/O reivindicador/O injustiçado/Relacionamento interpessoal/Confiança/Respeito/Liderança colaborativa por meio da negociação*

Um dos elementos de negociação mais utilizado em Newgotiation é o de relacionamento. Conforme foi falado quando analisávamos a situação de relacionamento entre profissionais em empresas familiares, a maturidade profissional é determinante para que eventuais desentendimentos não sejam tomados como pessoais. Ainda que caiba ressaltar que, onde há mais de uma pessoa que lidera, sempre haverá momentos de discórdia, mas estes sempre serão enfrentados de forma profissional, não mais pessoal. Quando nesse ambiente existe entre profissionais uma diferença muito latente de background, um bom relacionamento é uma das chaves para o sucesso da negociação. Não é preciso que as partes gostem umas das outras, nem que tenham os mesmos interesses; devem prevalecer o respeito e a integridade.

Em uma negociação, as partes conversam muito entre si sobre diversos assuntos que as ajudam a se conhecer melhor. Pesquisas indicam que cerca de 95% do tempo da negociação (criam-se laços, credibilidade, confiança) são despendidos com essa conversa e que a negociação propriamente dita só ocorre ao longo de 5% do tempo (em geral ao final da negociação). Trata-se de um investimento realizado no tempo e que traz ótimos resultados.

Elemento do processo de negociação: *Opções*

Solução para diagnósticos em casos de: *O desafio de criar uma liderança colaborativa por meio da negociação*

Este elemento refere-se ao conjunto de oportunidades que cada uma das partes/atores/negociadores elenca a partir do conhecimento dos interesses da outra parte e que poderão ser utilizadas nas trocas. As opções enriquecem a negociação, aumentam o "tamanho da torta". São oportunidades que podem ser oferecidas e trocadas para além das negociações financeiras. Quanto mais opções, maiores as possibilidades de troca e mais "rico" se tornará o acordo.

Enriquecer o resultado da negociação depende de criar oportunidades que agreguem valor e complementem a negociação. Essas oportunidades podem ser criadas por meio de uma "tempestade de ideias", com liberdade de pensamento, pois não representam qualquer compromisso, são simplesmente ideias livres. Quanto mais opções existirem, mais poder se tem na negociação, pois você passa a ter mais oportunidades a serem trocadas, ampliando assim as possibilidades de ganhos mútuos (URY, 2014).

Julgamento prematuro; a busca de uma resposta única; a pressuposição de um bolo fixo; e pensar que "resolver o problema deles é problema deles" constituem obstáculos que inibem a criação de opções.

Elemento do processo de negociação: *Concessão*

Solução para diagnósticos em casos de: E*go inflado/Dono da verdade*

Quando tratamos com pessoas de ego inflado, ou que tenham a característica de donos da verdade, precisamos utilizar o elemento concessão. No caso de empresas criativas e/ou culturais onde haja conflitos por questões de ego, ou, ainda, que exista um líder que se ache dono da verdade, é mandatório conhecer o elemento concessão e a maneira que ele pode ajudar no processo negocial para que seja reduzido o *gap* entre diversos profissionais que tenham características pessoais e de conhecimento tão heterogêneas. Assim, o fato é que nesse tipo de empresa existe a figura do criador, o representante da marca, o artista, ou o gênio que criou determinada tecnologia. No entanto, para que a empresa gere valor e permaneça viável financeira e economicamente, deve existir a figura do homem de negócios, do gestor. Logo, o relacionamento entre esses diferentes atores é conflituoso devido aos fatores mencionados em nosso diagnóstico.

Ao entender e aplicar o elemento concessão haverá redução desses conflitos. Para negociar, é necessário que a outra parte possua algo desejável e que nossos próprios objetivos sejam atingidos quando oferecemos algo em troca. A disposição para negociar é uma confissão de necessidade mútua.

Dessa forma, vejamos algumas características da concessão e como utilizá-la:

Desvalorização reativa

As propostas e as ofertas sugeridas pela outra parte tendem a ser desvalorizadas pelo negociador. Negociadores tendem a agir menosprezando a capacidade cognitiva da outra parte, interpretando, muitas vezes erroneamente, as concessões oferecidas pela outra parte. O valor de uma ideia não depende da ideia em si, mas do indivíduo que a apresenta.

Conclusão: quanto maior for o desejo de "impor-se sobre o outro", maior será o risco de ser bloqueado/contrariado por ele. Quanto mais nos preocupamos com as "nossas" proposições, mais nos arriscamos a não ver nenhuma delas acatada pelo outro.

Excesso de confiança e dificuldade de conceder

O negociador que tem confiança excessiva acredita que sabe tudo, que sabe a solução, que sabe o que tem de ser feito e o que o outro deveria fazer. Na verdade, ele superestima sua performance.

Como isso se manifesta?

» Reflexos acusatórios (pessoas): a culpa é sempre do outro, que deve admiti-la, mesmo que para isso o relacionamento fique prejudicado. Gera tensão.

» Reflexos posicionais (problemas): "Existe apenas uma solução e é a minha." Há uma falta de consideração pelos desejos dos outros.

» Colocar-se como líder no que tange ao processo: "Sei mais do que os outros e devo decidir o desenrolar da negociação."

O excesso de confiança pode levar a comportamentos intransigentes, a menores concessões e a acordos não colaborativos das negociações.

O excesso de confiança pode ser benéfico em algumas situações, como "se garantir" a se aventurar em empreendimentos ou a inspirar respeito e confiança nos outros. Mas o excesso de confiança também conduz a um posicionamento arrogante que gera uma barreira, muitas vezes intransponível, para a tomada de decisões profissionais efetivas.

Na concessão há também a ideia de doação. Doar pode ser um prazer e não custa, não gera inveja. A noção de doar vem com a concessão, e pode ser um sacrifício se for unilateral. Quando associada a uma causa maior está associada a uma generosidade. Não fazer concessões pode estar ligado à falta de opções.

Elemento do processo de negociação: *Cognição*

Solução para diagnósticos em casos de: *Aversão/Propensão ao risco*

Em empresas culturais e criativas a figura do grande representante da marca, artista, ou gênio, tende a ter um comportamento que apresenta mais risco, pois esses profissionais têm um foco no desenvolvimento de produtos, muitas vezes deixando a questão da viabilidade do negócio em segundo plano. Já a figura do gestor de negócios, ou *business man*, tem a propensão a medir o risco, ser mais cautelosa, ou, ainda, avaliar a relação risco/retorno de forma a tomar uma decisão mais assertiva. Logo, nesses casos, a utilização do elemento cognição é que fornece mais informações para resolução desses conflitos, melhorando assim a relação risco/retorno na tomada de decisão de forma que agrade os diferentes profissionais.

O elemento cognição tem como base o processo de conhecimento, que tem como fontes: a informação do meio em que vivemos e o que está registrado na nossa memória. Esse processo envolve: atenção, percepção, raciocínio, juízo, imaginação, pensamento e linguagem. A plasticidade do cérebro ajusta, revisa e atualiza informações a todo o instante, nosso cérebro cria movimento. O homem não tem controle sobre essas atualizações que o cérebro empreende. Estamos permanentemente aprendendo e revendo posições. A permanente organização, atualização, rescisão e reanálise empreendida pelo cérebro apresenta uma semelhança necessária ao processo de negociação, principalmente em suas etapas de preparação e de criação de valor. A tomada de decisão reflete processos cognitivos e motivacionais que dependem da forma pela qual interpretamos as informações, avaliamos riscos, estabelecemos prioridades e vivenciamos sentimentos de perdas e de ganhos.

Críticas, em vez de produzirem mudanças positivas, inspiram atitudes defensivas e de retaliação, porque atacam o orgulho e afetam a autoestima dos indivíduos. Por outro lado, esse sentimento de inferioridade pode encorajar os indivíduos, especialmente em circunstâncias competitivas.

Os negociadores revisam e atualizam seus interesses acrescentando novas informações, que vão, paulatinamente, modificando a condução do processo de negociação na busca de ganhos mútuos.

Percepção da realidade

O nosso cérebro cria uma realidade, porém, existe uma limitação sobre o que somos capazes de ver e perceber (KLEIN, 2013). Devemos buscar conhecer quais as informações que os outros negociadores/indivíduos têm sobre um mesmo objeto.

Por exemplo: duas pessoas assistiram a um mesmo filme. É possível que algumas cenas tenham passado desapercebidas por uma das pessoas, ou que um detalhe não tenha sido visto. Enfim, cada indivíduo pode depreender a mesma informação de diferentes formas.

Assim, o elemento cognição trata do conhecimento e do alinhamento das diferentes compreensões sobre o assunto em pauta, sobre o significado das palavras, ou seja, trata de reduzir o *gap* de percepção das partes sobre uma mesma questão.

Elemento do processo de negociação: *Interesse*

Solução para diagnósticos em casos de: *Liderança de grupos diversos/O especialista e o generalista/Conflito de gerações*

Para que o profissional seja um bom líder é necessário que ele tenha diversas competências, que também chamamos de *soft skills*. De acordo com o setor da empresa, o conjunto desses *soft skills* pode ser diferente. Dessa forma, no caso de empresas criativas e culturais, os líderes terão um trabalho diferenciado, no qual a habilidade de negociação é muito exigida devido ao *gap* de formação de seus profissionais, à visão de mundo e a interesses diversos que são muito divergentes. Assim, quando utilizamos o método Newgotiation, o elemento interesse é o mais indicado para reduzir esses *gaps*.

Sabemos que interesses são os resultados que os participantes desejam obter em uma negociação. Logo, neste caso, quando se tem profissionais com variados backgrounds devemos mostrar qual o maior interesse da empresa. Qual o interesse que mostrará ao mercado que a empresa é feita por profissionais de alto nível. E como a participação de todos fez com que essa corporação atingisse o sucesso. A definição dos interesses conduzirá a negociação. Devemos definir quais os motivos e os desejos que estão por trás dos pedidos e das posições de cada participante da negociação?

Devemos sempre buscar dentro de cada um de nós, e com a outra parte, o real interesse com a negociação. Ou seja, como procederíamos se estivéssemos no lugar deles? E assim buscamos o bem comum a todos.

4.3 Conflitos entre gestores em empresas de diversos segmentos

De uma forma geral, as empresas têm vários conflitos entre seus gestores, que ocorrem por diversos fatores como empatia, características pessoais, ego, entre outros. Mas nosso livro foca em dois fatores que são provenientes das diferenças de formação educacional e competências técnicas. Dessa forma, quando ocorrem operações de M&A, há um choque de cultura devido às diferenças entre as duas empresas que se juntaram. Esses conflitos têm o poder de destruir as empresas de uma maneira geral, por não ser possível um alinhamento das decisões com a estratégia principal da empresa quando há conflitos por diferença de competências técnicas. Esses conflitos também poderão afetar as operações de M&A dado que os conflitos gerados por diferença de cultura entre as empresas fazem com que não haja a integração necessária entre as empresas fundidas.

4.3.1 Empresas de diversos setores com problemas de conflitos entre gestores de marketing e de finanças

Os atritos entre gestores de diversos departamentos que têm diferente formação ainda são bem comuns nas empresas. Podemos citar vários como, por exemplo, os que existem entre as equipes do departamento comercial com equipe do departamento jurídico; do gestor financeiro com gestores de marketing; da equipe de compliance com a equipe do comercial, dentre outras. Porém, os mais comuns são os atritos entre os gestores de marketing e de finanças, pois os gestores financeiros são mais afeitos a seguir processos e tomar menos riscos ao passo que os gestores de marketing são criativos e tomam mais risco, o que por si só gera conflitos.

Outros fatores ligados a características pessoais e habilidades que são geralmente antagônicas também interferem para que atritos aconteçam. Acrescentamos a esse cenário a necessidade de as empresas se adaptarem à nova realidade ESG (*environmental, social, governance*), demandando recursos financeiros para investimento. Dessa forma, o marketing das empresas necessita de maiores orçamentos, o que acaba gerando conflitos ainda maiores com os gestores financeiros que necessitam entregar resultados aos acionistas. Dentro desse contexto, o desenvolvimento de *skills* de negociação é mandatório, dado o conflito de interesses que advém da necessidade de mudanças de mentalidade dos gestores financeiros no sentido de direcionar capital para o social e para o meio ambiente em vez de privilegiar somente o acionista ou dos gestores de marketing gerarem apenas o *"green washing"* como forma de se adaptar aos poucos recursos financeiros.

Existe também o famoso caso do Yahoo, que baseava sua cultura no financeiro, tolhendo a criatividade do engenheiro e dos gestores de marketing, tendo consequentemente sua competitividade reduzida. Já o Google tinha no seu DNA a cultura de criatividade, deixando os gestores de marketing e os engenheiros livres para criar e assim incrementando sua performance. Portanto, em nosso diagnóstico mapeamos essas situações para que negociações possam ser implementadas com êxito e aumentem a performance da empresa.

4.3.1.1 *Diagnóstico*

Segundo a visão dos gestores de marketing, geralmente a área de finanças se mantém muito longe da realidade comercial do dia a dia da empresa. Esse problema ocorre porque a área de finanças gerencia e administra as finanças da empresa por meio do resultado operacional e da geração de caixa, através do uso de uma tela de computador e suas planilhas. Portanto, existe uma grande dificuldade, para não dizer que não existe esse diálogo, em uma construção conjunta de investimentos x estratégia x retorno para a empresa.

O fato de a gestão de marketing em muitos projetos não conseguir medir o seu retorno também acrescenta mais um ponto de atrito entre os gestores. Geralmente as ações de marketing podem gerar um conflito de interesses, no entanto, o interesse dos gestores deve ser apenas um, ou seja, maximizar o valor da empresa, porém, existe um conflito de visões, de prioridades, para alcançar esse objetivo. Em muitos casos, a importância do marketing é subestimada pelos financistas. Lembramos que esse entendimento é de suma importância para que a empresa crie mais valor e, como falaremos mais detalhadamente a seguir, a falta desse entendimento em muitos casos leva as empresas a contratar um mediador para que possa conduzir essas negociações estratégicas entre esses dois profissionais.

Em sua recente pesquisa junto a várias empresas, o Ds.C. Haroldo Monteiro colheu informações importantes por meio da opinião de vários CFOs e CMOs sobre esse relacionamento que servem de base para uma negociação de sucesso.

↳ *Opinião dos CFOs*

CFO 1 – "Esse casamento precisa existir porque se cria e administra o negócio. Então você tem que ter uma habilidade de comunicação muito boa e respeito um pelo outro. Como alternativa, até onde cada profissional pode ir? Eu acho que existem poucas pessoas neste mercado que podem ter um bom trânsito de ambos os lados."

CFO 2 – "A empresa está em crise. Você precisa falar o mesmo idioma de marketing e finanças. Hoje não é a linguagem do marketing, é a financeira. O setor financeiro fala mais alto. A grande questão é a seguinte: o marketing fala mais alto quando o financista tem dinheiro para pagar as despesas."

CFO 3 – "A questão do tangível e do intangível é ter dinheiro para pagar. Se o dinheiro é curto e você fez uma vitrine de moda, o que acontece a seguir? A vitrine de moda já passou. Você vai pagar o modelo? Eu devo pagar. Mas o dinheiro é curto, o que você faz? Deixe para depois. Mas então você tem o risco de imagem. O que é muito pior... Foi o que eu disse quando falo tangível e intangível."

CFO 4 – "O CFO precisa realizar o sonho e depois alavancar."

CFO 5 – "O CFO deve tentar trazer o plano de marketing à realidade para propor um modelo de negócios no qual seja possível alocar a maior quantidade de recursos e eu possa trazer o maior retorno para a empresa. Acho que esse é o ponto principal."

↳ *Opinião dos CMOs*

CMO 1 – "Os pontos de atrito são vários, dado que um profissional é o raciocínio (CFO) e o outro é o coração (CMO). Um é emocional e o outro é a razão. Alguns gestores de finanças consideram o marketing como um custo, no entanto, se bem direcionado, o marketing se torna um investimento."

CMO 2 – "A comunicação é crucial para se obter um bom relacionamento entre os profissionais e poderia promover uma melhor compreensão dos diferentes assuntos, bem como a importância da interface de marketing e finanças. O encantamento costuma ser para você (CMO), mas, quando você se senta e pensa no lado financeiro, a pergunta é: quanto desse encantamento se transformará em vendas? Portanto, acho que é fundamental para o marketing ter um bom relacionamento, compreender, ter uma mente aberta para entender a estratégia da empresa, respeitar-se e trabalhar em conjunto."

CMO 3 – "O primeiro foco de atrito é o orçamento, com certeza. Alocação de recursos para ações de marketing. Os profissionais de marketing têm muitas ideias e talvez nem todas se encaixem no orçamento elaborado. Dessa forma, deve haver uma seleção de quais ideias devem ser escolhidas, porém, os CMOs devem sempre estar mostrando como utilizam os recursos financeiros versus os resultados obtidos. Dado que muitas dessas ações são de difícil mensuração, elas fazem com que os CMOs criem um ponto de atrito com os CFOs. Nesses casos deve haver uma negociação entre as partes na qual a capacidade de comunicação para que se alcance um resultado win-win é fundamental."

A seguir listamos os principais pontos de atrito entre os gestores de marketing e de finanças que devem ser estudados para que esses dois profissionais formem um consenso e assim possam melhorar a performance das empresas.

↪ *Timming*

> Gestores de marketing têm como interesse principal gerar valor para a marca no planejamento de suas ações. Essa estratégia demanda recursos financeiros no longo prazo. Em muitos casos, uma ação dessa magnitude pode levar a empresa a ter prejuízo no curto prazo.
>
> Gestores financeiros consideram em suas ações a maximização de valor dos acionistas, e sob um olhar mais atual visam à criação de valor para os stakeholders. Dentro da estratégia financeira, o foco deve ser reduzir o máximo possível os custos, ganho de escala, adicionar valor ao acionista e, em muitos casos, traçar estratégias de crescimento rápido visando à venda futura da empresa por um valor maior. Ou seja, o mais importante é mostrar criação de valor no seu relatório trimestral de ganhos.

↳ *Foco em regulação*

Gestores de marketing têm um pensamento mais abstrato, no qual o foco é traçar estratégias para o crescimento de vendas, criar experiência para o consumidor e assim fazer crescer o valor da marca. Geralmente os relatórios dessa área visam a mostrar o crescimento obtido do número de clientes, volume de vendas e a fidelização de clientes antigos. Esses relatórios têm como base de seu desenvolvimento a criatividade, sendo que os dados podem ser apresentados de várias formas, de modo a encantar os stakeholders. Outro ponto é que as ações de marketing também podem ser criadas de acordo com a criatividade de seu desenvolvedor. Não há restrições ao desenvolvimento de ideias.

Gestores financeiros, pelo contrário, são reféns das regulações de órgãos governamentais, regimes tributários, normas contábeis e processos de compliance. No seu dia a dia procuram apoiar a estratégia macro da empresa da melhor forma possível, evitando problemas de multas regulatórias de órgãos governamentais, desenvolvendo estratégias que possibilitem a empresa a pagar menos impostos e seguindo padrões de processos de compliance para dar mais transparência à administração da empresa. Quanto a seus relatórios de apresentação de performance da empresa, eles devem seguir padrões contábeis, o que torna difícil demonstrar o valor intangível da marca e de seu capital cultural.

↳ *Elaboração do budget*

Gestores de marketing têm por hábito reivindicar *budgets* mais generosos para que suas ações possam ter maior amplitude e impacto na captação de novos clientes e na manutenção dos atuais. Além disso, esses orçamentos devem contemplar um valor considerável para investimento na marca do produto. Como na maioria dos casos o gestor de marketing não tem o compromisso de mostrar a geração de valor da empresa como um todo e em muitos casos os resultados de suas estratégias são difíceis de medir, acaba gerando uma situação de sempre estarem querendo desenvolver estratégias que não consideram as restrições econômicas e financeiras da empresa. Logo, o gestor de marketing tende a tomar mais riscos na elaboração dos orçamentos.

Gestores financeiros têm a característica de querer fazer mais com menos recursos. O *budget* para um gestor financeiro é sua bússola. A criação dos orçamentos pelo financeiro considera as restrições financeiras da empresa, o ambiente macroeconômico, as tendências de taxas de juros, as restrições fiscais e, ao final, o compromisso com a rentabilidade final da empresa. Logo, o gestor financeiro tende a ser conservador quando elaborar esses orçamentos.

↳ *Aversão/Propensão ao risco*

O relacionamento interpessoal entre os gestores de marketing e os gestores de finanças tem sido muito estudado. Existem vários conflitos entre esses profissionais no que se refere à tomada de decisão, quando deve ser avaliado o risco inerente à determinada ação. Gestores de marketing são mais propensos a se arriscar. Podemos afirmar que nesses casos temos uma diferença de *skills* pessoais muito latente, na qual de um lado temos os homens de negócio, que são cartesianos, avessos ao risco, e avaliam a criação de valor a cada decisão tomada, e do outro lado temos os gestores de marketing que focam suas estratégias em bens intangíveis, como a valorização da marca. Muito de suas ações são de difícil mensuração, o que as tornam mais arriscadas. Logo, são propensos a se arriscar como todas as pessoas que têm um perfil mais estético.

Todo esse cenário traz dificuldade para que uma empresa desenvolva seus projetos de forma que todos os gestores trabalhem alinhados à estratégia principal da empresa. Os desafios são grandes e é necessário o desenvolvimento de uma estratégia específica para que a empresa não seja prejudicada em sua performance e em casos extremos chegue à falência.

↳ *Razão versus emoção*

Os CFOs são muito conhecidos por serem cartesianos, racionais e lógicos. Suas decisões são sempre baseadas em números, a partir dos quais traçam metas bem definidas que são focadas na entrega de resultados. Já os profissionais de marketing agem de forma a encantar o cliente, aumentar vendas e criar um ambiente onde o reconhecimento da marca é seu principal objetivo. Suas ações nesse cenário são mais emocionais e em muitos casos não focam a geração de valor para a empresa por meio de lucros que superem o custo de capital. Dessa forma, suas ações precisam ser medidas, porém, muitas delas são de difícil mensuração. A criatividade desses gestores é seu ponto forte.

Dentro desse cenário, um correto balanceamento entre a emoção e a razão é vital para o sucesso da empresa. Uma recente pesquisa, formulada pelo autor do livro Haroldo Monteiro em sua tese de doutorado, mostra que, quando esse equilíbrio não ocorre pela falta de habilidades de negociação entre estes gestores, a empresa precisa contratar um mediador capaz de balancear corretamente a razão do gestor financeiro e a emoção do homem de marketing. Assim, a empresa poderá atingir a máxima performance de encantar seus clientes, gerando reconhecimento da marca por meio de ações estratégicas que geram real valor para a empresa.

4.3.2 Empresas em processo de fusão e aquisição: conflitos por diferença de cultura e por diferente formação dos profissionais envolvidos

O mercado mundial tem hoje uma dinâmica muito forte baseada em processos de fusões e aquisições, e alavancagem financeira. Empresas grandes vêm paulatinamente comprando concorrentes menores e até se unindo para ganhar mercado. Portanto, fatores estratégicos, na maioria das vezes, se sobrepõem a antigas estratégias e até a interesses que existiam por parte de uma das empresas anterior à fusão ou aquisição de uma determinada empresa. Um dos maiores erros que os executivos cometem num processo de fusão ou aquisição é olhar apenas a declaração de missão da empresa adquirida e assumir que ela combina com a da empresa compradora e que, portanto, as culturas estão bastante alinhadas.

Na realidade, as empresas se combinam para obter vantagem competitiva. Segundo estudos de Harvard (2011), entre 70% e 90% das fusões e aquisições fracassam. Um dos fatores que ocasionam esse alto índice de insucesso vem do fato de que as organizações geralmente ignoram as questões da cultura organizacional e do capital humano e prestam pouca atenção a esses problemas que acabam sendo considerados como mais brandos num processo de integração "difícil".

De fato, de acordo com os executivos que responderam à pesquisa da Conferência de Integração e Fusões (2010-2017) publicada num artigo de Harvard (2011), mais de 50% das empresas que não gerenciam efetivamente a cultura quando passam por um relatório de fusão ou aquisição não atingem suas metas de sinergia. Dado o enorme valor das transações globais de fusões e aquisições hoje (US$4,74 trilhões de dólares em 2017, McKinsey (2018)), é essencial entender o que funciona e o que não funciona num processo de fusão de duas organizações muitas vezes diferentes.

Portanto, se faz necessário primeiramente entender os elementos que são determinantes dessas operações e as razões estratégicas que as levam a ocorrer e assim identificar os diversos pontos de atritos entre os funcionários das empresas:

Elementos determinantes

Como podemos observar, essas operações visam a uma geração de valor maior do que as duas empresas gerariam caso não tivessem se fundido. Em uma operação de fusão e aquisição, podemos imaginar o caso simples da empresa X que quer adquirir a empresa Y; o valor de X é definido como Vx, enquanto o valor de Y é ilustrado como Vy. Agora, se Vxy > V(x+y), "...ou seja, se o valor da nova empresa resultante da fusão entre X e Y é maior que a soma dos valores das duas empresas consideradas separadamente (valor *stand alone*), então a operação pode gerar valor". Diante desse cenário, os gestores (da empresa compradora) encarregados de conduzir esse processo tendem a ter uma postura mais focada em conseguir uma geração de valor que justifique a fusão ou a aquisição, nem que para isso tenham que mudar a cultura da empresa "comprada" ou demitir os antigos funcionários, já que muitos não se adaptam à nova cultura da empresa que está chegando.

Razões de uma operação de M&A

Razões estratégicas

- ▶ Aumento da fatia de mercado.
- ▶ Eliminação de um concorrente.
- ▶ Entrada em novos mercados/segmentos.
- ▶ Redefinição do foco.
- ▶ Aquisição de um fornecedor-chave ou um cliente-chave.

- Internacionalização.
- Melhoramento da imagem da companhia.
- Reestruturação societária,

Razões econômicas:

- Economia de escala.
- Ampliação do leque de produtos.

Razões financeiras:

- Redução da dívida — aporte de novo capital.
- Melhoramento do *rating*.

Razão fiscal:

- Possibilidade de o comprador aproveitar o prejuízo acumulado na companhia adquirida, oportunidade de gerar maior vantagem fiscal.

4.3.2.1 *Diagnóstico*

A maioria dos problemas das operações de fusões e aquisições são decorrentes de atritos no relacionamento interpessoal entre os gestores da empresa compradora e os da comprada. O fato é que, quando essas operações ocorrem, a empresa compradora implementa uma cultura de resultado agressiva. Numa operação de F&A, o gestor financeiro ganha relevância, pois em uma cultura de resultado os números passam a ser mais importantes do que qualquer outro aspecto. Porém, todas essas mudanças não ocorrem em uma velocidade que os novos gestores consigam apagar todo o passado cultural e ao mesmo tempo consigam aumentar a performance e a lucratividade da nova empresa que foi gerada pela fusão. Portanto, atritos são comuns nessas etapas e, dependendo da situação, a operação poderá até mesmo ser revertida ou ainda não gerar o valor anteriormente esperado, forçando uma dissolução da F&A ocorrida.

Uma recente pesquisa feita por Haroldo Monteiro (que foi tema de sua tese de doutorado) junto a empresas de luxo de moda no Brasil mostra que problemas de atrito devido à cultura, habilidades profissionais e até mesmo estratégias com diferentes focos tendem a ser os maiores problemas de uma F&A. Confira a seguir o resultado dessa pesquisa que foi conduzida junto a CFOs, CMOs e CEOs de empresas de moda de luxo no Brasil.

Quando perguntamos aos entrevistados "Por que as habilidades pessoais são importantes para criar valor para as empresas de luxo?", alguns mostraram uma tendência de vincular o tema das habilidades pessoais e da criação de valor do CFO com as recentes aquisições mal-sucedidas de fundos de private equity de empresas de luxo da moda no Brasil. Eles mencionaram que as características pessoais dos gestores financeiros que trabalham para essas empresas financeiras são de forte relevância para o sucesso da aquisição. De fato, quando uma empresa financeira adquire uma empresa de luxo da moda, ela visa a agregar valor aos seus acionistas. Entretanto, às vezes, uma aquisição bem-sucedida não é possível porque os gestores financeiros não têm a capacidade ou não possuem as habilidades pessoais necessárias para gerenciar esse tipo de empresa. Consequentemente, podemos reforçar a ideia de que as habilidades pessoais do CFO podem gerar valor para as empresas de luxo. As conclusões sugerem que as habilidades de

CFO são essenciais para alcançar um M&A bem-sucedido entre uma empresa que não é de luxo e uma empresa de moda.

> LFCMO # R07 – "Quando um banco começa a administrar uma empresa de moda, qual é sua chance de ter sucesso? Ele só entende de números! Nunca teve experiência além de números; é um banco! A prova é que não está funcionando. Toda empresa que foi comprada tem sua marca perdendo seu DNA, está falida, está fechando suas lojas. Estou falando de grandes nomes da moda — Tufi Duek e Fórum."

> LFCFO # T01 – "Todo mundo que tentou implantar uma economia de escala no luxo da moda aqui no Brasil fracassou. Eu acho que este é o primeiro conselho. Este mercado da moda atraiu muitos investidores. Portanto, uma transformação que ocorreu foi a entrada de investidores financeiros nesse mercado de luxo, tentando racionalizar e escalar um negócio que eu acho que não é racional nem escalável."

> LFCFO # C03 – "É diferente da Restoque e da Inbrands (duas empresas de luxo brasileiras adquiridas por fundos de *private equity*), que possuíam investidores financeiros que mudaram as características da empresa. Eles tiveram a ideia de mudar o negócio, acharam que seria simples juntar marcas e ganhar escala... Nos dois casos. E, às vezes, até demitir o criador (estilista) ou tomar decisões contrárias aos atributos da marca. As empresas de luxo possuem uma cadeia de suprimentos complexa, esse lado intangível da marca que é muito importante para o fundador (criador/estilista). Eles precisam entender essas características. São coisas que você não pode ampliar ou otimizar."

LFCMO # R06 – "Eu acho que essa é uma visão antiga da área financeira, que tinha apenas como foco maximizar o lucro numericamente. Eu acho que esse pensamento de construção de marca no longo prazo também é responsabilidade de uma área financeira hoje."

LFCFO # O02 – "Se o criador acha que o CFO não entende os códigos de luxo, ele não dá importância a essa pessoa, de modo que seu papel é simplesmente fechar negócios, ele não pode ajudar a aconselhar a empresa sobre qual estratégia é mais lucrativa. Portanto, se o criador não vê esses recursos no CFO, ele não traz o CFO para o jogo e a empresa o perde."

Esses atritos ocorrem e as causas são várias. No resultado exposto acima, mostramos o que se observa em uma F&A entre um fundo de *private equity* e uma empresa de moda de luxo, porém, esses problemas podem ser replicados para diversos setores, sendo que a intensidade dos atritos e as áreas envolvidas variam de empresa para empresa e setor para setor. O que podemos concluir é que a habilidade das técnicas de negociação deve ser desenvolvida entre os principais gestores da nova empresa (somatório das empresas A+B), para que a operação seja um sucesso. Como podemos observar em nossa pesquisa com vários CFOs e CMOs entrevistados, foi apontado que, caso não haja a habilidade de negociação entre os principais gestores da operação, um mediador profissional deve ser contratado para evitar atritos.

> *"Um grupo de entrevistados, independentemente de serem CFO, CEO ou CMO, elegeu uma figura de mediador para melhorar o*

relacionamento entre eles, a fim de que a empresa possa obter melhor desempenho. A literatura menciona a importância de um mediador nesse relacionamento, Trebuss (1976) afirma que é essencial ter uma pessoa específica que tenha uma orientação equilibrada, capaz de lidar com diferentes atitudes por ambas as funções e ser aceita por ambas."

Portanto, podemos concluir que esses atritos ocorrem devido às habilidades profissionais e às características pessoais dos gestores envolvidos, que acabam afetando a estratégia geral da empresa. Para lidar com essa situação, os gestores devem ser treinados na habilidade de Newgotiation. A seguir citamos algumas das características desses profissionais que resultam em atrito.

↳ *Relacionamento interpessoal*

Diferentes empresas, diferentes culturas e diferentes objetivos, todos esses fatores geram dificuldade de relacionamento entre o corpo de funcionários quando duas empresas passam a ser uma só, pois a partir deste momento essas diferenças passam a deixar de existir, ou pelo menos deveriam deixar para que a operação seja um sucesso. Porém, muitos gestores têm dificuldade de se relacionar e de praticar o ato de uma negociação saudável, na qual os envolvidos saiam satisfeitos com o resultado.

↳ *Diferença de habilidades entre os gestores*

Conforme falamos anteriormente, em uma operação de F&A a busca por criação de valor da nova empresa deverá ser maior que o somatório da criação de valor das empresas que existiam anteriormente. Portanto, o foco em finanças é total e os gestores financeiros ganham relevância nesse cenário, pois precisam atender aos objetivos dos investidores. Assim, dentro desse cenário, os atritos que envolverão os profissionais de finanças com as diversas outras áreas é certo, caso o gestor financeiro e os outros gestores envolvidos não desenvolvam habilidades específicas de negociação. Esse fator se agrava, pois a diferença de habilidade técnica entre os gestores tende a contribuir ainda mais para o desenvolvimento de conflitos. Portanto, saber ceder e conquistar uma solução *win-win* é fundamental para o sucesso do F&A.

↳ *Ego inflado*

Quem é mais importante na nova empresa, o gestor financeiro dono do dinheiro vindo da empresa compradora ou um executivo da empresa adquirida? Quem tem mais importância para o sucesso de F&A? Eu, como gestor, vou perder influência na tomada de decisão nesta nova empresa, já que eu era o principal executivo da empresa adquirida? Quem exerce o papel principal nesse processo de mudanças?

Todos esses questionamentos fazem parte do *mindset* dos principais executivos envolvidos na operação. Dessa forma, o ego de alguns desses executivos pode atrapalhar todo o processo, dado que muitos com certeza perderão poder e a relevância de suas opiniões será menor do que era na sua empresa de origem. Esses fatos por si só geram conflitos e tendem a ocasionar o insucesso de muitas operações.

Portanto, no evento de criação de uma F&A, os principais executivos devem ser treinados em habilidades de Newgotiation com o objetivo de superar esses problemas de ego pessoal, pois por meio dessa estratégia ele aprenderá como negociar e atingir seus objetivos, numa situação que gere valor para os envolvidos.

↳ *Resistência a mudanças*

A resistência a mudanças é um fato comum na vida corporativa de uma maneira geral. Ela ocorre quando há mudanças de estratégia da empresa, ou na entrada de um novo gestor para liderar determinado departamento ou mesmo toda a empresa, ou, ainda, num processo de sucessão de uma empresa familiar, quando ocorre a contratação de executivos para liderar o processo. No entanto, numa operação de F&A na qual ocorrerá uma junta de empresas, esse fato ganha mais tração e a resistência ocorre em vários setores da empresa e entre vários executivos. Portanto, caberá aos líderes que serão responsáveis pelas mudanças quebrar diversas barreiras, negociando com cada funcionário que criou determinada resistência para mostrá-lo que ambos sairão ganhando caso a operação de F&A seja um sucesso.

↳ *Diferentes visões de negócio*

Muito comum de ocorrer numa operação de F&A é a diferença de visões de negócio desta nova empresa entre os gestores da empresa adquirente e os da adquirida. Atritos entre esses profissionais são muito comuns. As diferenças de foco têm um peso considerável nesses atritos, pois muitos proprietários da empresa adquirida têm uma visão mais clara e objetiva do setor em que a sua empresa está inserida, existe um "amor" pelo negócio que se traduz muitas vezes em um diferencial de sua empresa. Além disso, esses profissionais têm um "orgulho" incondicional, pois fizeram suas empresas crescer. Por outro lado, os profissionais da empresa compradora têm foco no lucro, na geração de valor para o acionista a qualquer preço, pois precisam justificar a operação para os acionistas. Logo, esse fato por si só gera conflito. É preciso fazem com que os gestores negociem essa forma de gerenciamento da empresa para que haja um equilíbrio entre a arte e a geração de lucro.

4.3.2.2 Prescrição técnica para solução de conflitos entre gestores em empresas de diversos segmentos por meio do método (MNC) em Newgotiation

Elemento do processo de negociação: *Padrão/Critérios*

Solução para diagnósticos em casos de: *Elaboração do budget, foco em regulação*

Empresas nas quais o departamento de marketing tem uma participação relevante na divulgação da marca e na definição de estratégias de comunicação com o cliente fazem com que muitas vezes haja divergências entre o gestor de marketing e o gestor financeiro. Geralmente o ponto de conflito é o tamanho do *budget*. Esse ponto causa inúmeras divergências e, caso não seja criado um consenso para o desenvolvimento de uma estratégia com o *budget* — possível financeiramente e definido pelo financeiro — os conflitos entre os gestores tendem a destruir valor. Existem casos também entre comercial e jurídico no que tange à regulamentação, ou financeiro e compliance, entre outros.

Nesses casos, usamos o elemento de Newgotiation padrão/critérios para que seja construído consenso entre as partes envolvidas, gerando valor para a empresa. O elemento padrão/critérios refere-se à necessidade de se estabelecer/definir parâmetros que sejam aceitos e que tenham a confiança de todas as partes. Conflitos de interesses ocorrem quando não se encontram padrões que satisfaçam às duas partes.

Definir padrões ou critérios é fundamental para qualquer negociação. Diz o dito popular que "o que foi combinado (quando se tem regras) não sai caro". Qualquer organização tem um estatuto ou um regimento que define sua operação e o padrão de conduta com o qual todos devem concordar ao integrar a organização. A economia tem como métricas índices e indicadores; e os bens e serviços são produzidos de acordo com padrões de qualidade previamente estabelecidos.

O padrão dá legitimidade a uma decisão. A pauta, ou um manual, é um instrumento que representa um padrão do processo; a política de uma empresa também é um padrão, com o qual todos que dela participam devem concordar. Como exemplos de padrão, têm-se os preços como o do barril de petróleo, dos aluguéis de temporada quando há eventos etc., pois são balizadores e definidores de âncoras.

Como padrões e critérios inclui-se também o padrão moral, de comportamento, de etiqueta, de costume, de rotinas, de funcionamento de empresa, de código de informatica, de normas de compliance, definindo o que é permitido e não permitido dentro do sistema. Tudo isso está associado com a conciliação e com a liberdade de opções dentro dos padrões, sejam técnicos, de produtos, químicos. Por exemplo, a ANEEL definiu padrões para as tomadas de dois ou três buracos (esse é um padrão). O padrão permite a conciliação técnica, cultural e até mesmo de comportamento, dos costumes, facilitando o alinhamento entre as pessoas na busca da conciliação.

Elemento do processo de negociação: *Relacionamento*

Solução para diagnósticos em casos de: *Relacionamento interpessoal*

Em ambientes onde existem divergências entre profissionais de áreas diferentes e diferenças de cultura empresarial — fato muito comum no caso de operações de M&A —, o bom relacionamento interpessoal é mandatório. Para explicar como utilizar a técnica de Newgotiation, vamos usar o elemento relacionamento.

Esse elemento trata de como as partes se relacionam. Qualquer negociação, tendo ou não alcançado um acordo, busca manter o relacionamento em boas condições, "não se deve fechar uma porta". Um bom relacionamento é uma das chaves para o sucesso da negociação. Não é preciso que as partes gostem umas das outras, nem que tenham os mesmos interesses; devem prevalecer o respeito e a integridade.

Um bom relacionamento e a construção de um ambiente amistoso facilitam a troca de informações, a identificação de interesses, a criação de valor, de opções e de alternativas. Deve-se buscar "entrar na frequência" do outro, o que gera credibilidade. Devemos nos relacionar antes de racionalizar; o relacionamento antecede o negócio.

A conclusão dos acordos e a satisfação com os resultados obtidos podem estar diretamente ligadas à qualidade do relacionamento entre as partes.

Atualmente, nas organizações, há uma redução dos níveis hierárquicos, gestão por projetos, criação de unidades de negócios, organização matricial servidas por sistemas de informações integrados. Nesse contexto, desconcentram-se as informações, amplia-se a rede de relacionamento, exige-se negociações entre diversas áreas. Todos esses fatores colaboraram para a ampliação dos conflitos.

Em resumo, um relacionamento sólido gera confiança e as partes compartilham informações mais livremente. Os acordos tornam-se mais criativos e valiosos e há maior disposição para trabalhar junto.

Um relacionamento ruim gera desinvestimento em tempo e esforço no processo de negociação, desconfiança e retenção de informação e há necessidade de maior cautela na comunicação.

Elemento do processo de negociação: *Concessão*
Solução para diagnósticos em casos de: *Ego inflado*

Quando o ego fala mais alto, a tendência é que no conjunto — ou seja a empresa — haja destruição de valor. Embates entre profissionais de diversas áreas, ou de profissionais da empresa adquirida com profissionais da empresa compradora são comuns. Mas na maioria dos casos o ego dos participantes das discussões pode impedir que haja uma solução em que todos ganhem. Um dos fatores que passam na cabeça desses profissionais é que, se houver uma concessão, eles estarão renunciando ao poder.

Conceder significa oferecer à outra parte algo de que dispomos e que seja de interesse dela. A concessão não significa perder poder. Conceder significa ter poder para oferecer algo que seja de interesse da outra parte. Trata-se de um jogo de estratégia (DUPUY, 1989). Concessão não é fraqueza, e pode ser também um facilitador para fechamento de um acordo, especialmente se há uma reciprocidade de concessão. Refere-se ao comprometimento das partes, à formulação de compromisso, à reciprocidade e a colocar-se no lugar do outro.

Para negociar, é necessário que a outra parte possua algo desejável e que nossos próprios objetivos sejam atingidos quando oferecemos algo em troca. A disposição para negociar é uma confissão de necessidade mútua.

Elemento do processo de negociação: *Cognição*

Solução para diagnósticos em casos de: *Aversão/Propensão ao risco, razão versus emoção*

Visões diferentes podem levar a tomadas de decisões diferentes. Porém, quando existir um objetivo macro comum dentro da empresa, que é a geração de valor, os gestores devem alinhar suas estratégias em prol de um objetivo maior, fechando assim o *gap* de visões do negócio. Nesse caso, o elemento cognição nos leva ao entendimento das situações divergentes para que seja tomada uma decisão em prol do aumento de performance da empresa.

A tomada de decisão reflete processos cognitivos e motivacionais que dependem da forma pela qual interpretamos as informações, avaliamos riscos, estabelecemos prioridades e vivenciamos sentimentos de perdas e ganhos. Em uma empresa existem diversos atores com suas específicas características pessoais e também com conhecimento e entendimento de diferentes áreas. Logo, suas escolhas tendem a seguir um determinado padrão que em muito reflete suas personalidades e conhecimento técnico de diversos assuntos. Portanto, esses personagens acabam tendo diferentes percepções da realidade. O nosso cérebro cria uma realidade, porém, existe uma limitação sobre o que somos capazes de ver e perceber (KLEIN, 2013). Assim, os grandes negociadores devem buscar conhecer quais as informações que os outros negociadores/indivíduos têm sobre um mesmo objeto, de forma que se consiga chegar a um ponto comum. Cabe ao negociador mostrar à outra parte as diversas situações que passaram despercebidas, ou, ainda, algum detalhe que não tenha sido visto, com o objetivo de fazer com que o elemento cognição gere conhecimento e alinhe as diferentes compreensões/expectativas sobre determinado assunto em pauta, ou sobre o significado das palavras, reduzindo o *gap* de percepção das partes sobre uma determinada situação.

Elemento do processo de negociação: *Opções/Concessão*

Solução para diagnósticos em casos de: *Diferença de habilidades entre os gestores*

As opções referem-se ao conjunto de oportunidades que cada uma das partes/atores/negociadores elenca, a partir do conhecimento dos interesses da outra parte, e que poderão ser utilizadas nas trocas. As opções enriquecem a negociação, aumentam o "tamanho da torta". São oportunidades que podem ser oferecidas e trocadas para além das negociações financeiras. Quanto mais opções, maiores as possibilidades de troca, mais "rico" se tornará o acordo.

Já a concessão significa enriquecer o resultado da negociação, depende de criar oportunidades que agreguem valor e complementem a negociação. Essas oportunidades podem ser criadas por meio de uma "tempestade de ideias", com liberdade de pensamento, pois não representam qualquer compromisso, são simplesmente ideias livres. Quanto mais opções existirem, mais poder se tem na negociação, pois você passa a ter mais oportunidades a serem trocadas, ampliando assim as possibilidades de ganhos mútuos (URY, 2014).

Já conceder significa oferecer à outra parte algo de que dispomos e que seja de interesse dela. A concessão não significa perder poder. Conceder significa ter poder para oferecer algo que seja de interesse da outra parte. Trata-se de um jogo de estratégia (DUPUY, 1989). Concessão não é fraqueza, pode ser também um facilitador para fechamento de um acordo, especialmente se há uma reciprocidade de concessão. Refere-se ao comprometimento das partes, à formulação de compromisso, à reciprocidade e a colocar-se no lugar do outro.

Elemento do processo de negociação: *Interesse*

Solução para diagnósticos em casos de: *Diferentes visões de negócio, resistência a mudanças*

Interesses são os resultados que se deseja obter em uma negociação. Logo, podemos fazer estas perguntas: qual é o interesse individual de cada participante da negociação? Qual é a minha visão de negócio e como é a do meu "oponente"? Existe um interesse coletivo em prol do crescimento mútuo? Como devemos pensar em analisar a convergência desses diversos interesses em prol de um bem comum?

Pergunte-se: quais são os seus reais interesses na negociação? Quais são os interesses da outra parte?

Para alcançar esses resultados, devem-se superar emoções, intempestividades, preocupações, medos, desejos, necessidades e esperanças. As pessoas têm seus próprios interesses e eles variam em função das circunstâncias.

Interesses são valores subjacentes às posições e constituem as razões pelas quais são estabelecidas as posições e as exigências. Quais são os motivos, os desejos, que estão por trás dos pedidos e das posições? A definição dos interesses conduzirá a negociação.

Em uma negociação, as posições ficam à superfície, aparentes, expostas, visíveis, externalizam a razão dos indivíduos realizarem seus pedidos e agirem; os interesses ficam submersos, não aparentes, são dedutíveis e envolvem sensações, valores e memórias do passado; são intangíveis e percebidos pela nossa intuição. Há que se buscar dentro de cada um de nós, e com a outra parte, o real interesse com a negociação.

Além dessas perguntas que citamos inicialmente, os interesses podem ser identificados a partir dos questionamentos apresentados na Figura 5:

INTERESSES		
	Você	O Outro
O que deseja alcançar?	X	X
Qual é sua meta?	X	X
Qual é seu objetivo?	X	X
Por que estamos negociando?	X	X
Quais são as diretrizes?	Empresa	
Qual é a estratégia?	Empresa	
Quais são as prioridades?	Empresa	
Dentro de um contexto		

Figura 5 • Identificação dos interesses
Fonte: Duzert (2007).

É importante destacar que uma análise criteriosa dos interesses pode desvendar a existência de uma quantidade muito maior de interesses comuns ou compatíveis, do que de interesses antagônicos. As partes devem ser amigáveis, ter bom relacionamento de modo a construir um clima que facilite a abordagem do problema, a busca de uma solução conjunta que proporcionará o melhor resultado para todos os envolvidos.

Elemento do processo de negociação: *Tempo*

Solução para diagnósticos em casos de: *Timing*

A diferença de *timing* entre profissionais de áreas diferentes no que tange às suas prioridades e como isso pode afetar a lucratividade da empresa são fatores comumente apontados como ponto de atrito entre profissionais e merecem atenção, a fim de que seja negociada uma solução que crie valor para as partes envolvidas. O elemento tempo, de Newgotiation, pode nos ajudar a entender essas situações e posteriormente será utilizado para solucionar conflitos.

Em operações de M&A, o *timing* é fundamental, pois a empresa compradora deverá conseguir no menor espaço de tempo possível mostrar a seus acionistas uma lucratividade que suporte a tese de investimento em determinada empresa. Nesse caso, o *timing* do comprador pode não ser o *timing* do antigo proprietário, que pode ainda ser um dos sócios e esse fato poderá gerar conflitos.

Logo, a velocidade com que um processo de negociação se desenvolve é um fator que pode gerar decepção nos negociadores. Quando a negociação se desenvolve ou termina rápido demais, os participantes tendem a ficar insatisfeitos, especulando que poderiam ter dispendido mais tempo negociando ou pressionando para obter melhores resultados (TRUMP, 2016). Também, se o processo de negociação for muito lento, cria uma sensação de desestímulo, de desinteresse, que pode contaminar o resultado da negociação.

Um exemplo de velocidade do processo, segundo pesquisas, pode ser observado em sala de aula, quando os primeiros alunos que entregam as provas são os mais decepcionados com os resultados que alcançaram, principalmente quando a nota da avaliação é baixa. A forma de reduzir as chances de decepção é agir com calma e ponderação (WOOD, 2016).

Tem-se como exemplo do elemento tempo:

Questões que devem ser perguntadas pelas partes a fim de dimensionar o planejamento e o desenvolvimento das negociações:

- Quanto tempo se dispõe para preparar uma negociação e para negociar?
- O tempo que uma das partes dispõe é semelhante ao tempo disponível pela outra parte?
- A falta de tempo pode facilitar a quebra de um impasse? Ou poderia inviabilizar o melhor resultado de uma negociação?

Um **bom resultado** pode ser alcançado por meio de:

- Contratos contingenciais vinculando uma ação à outra ação.
- Avaliação da produtividade das negociações que representa tempo e dinheiro.
- A percepção de risco (atritos, pânico e impressão negativa) difere quando as partes dispõem de diferentes tempos.

A definição de um tempo limite (*deadline*) obriga as partes a convergirem a um resultado de acordo. Há riscos envolvidos: atritos, pânico e impressão negativa. Uma negociação sem prazo, apesar de permitir mais tempo para a criação de valor, permite aumentar benefícios mútuos. Muitas vezes, é importante ir devagar para ir rápido; devagar para conseguir melhores resultados, consertar todas as partes para não haver necessidade de reengenharia e reajuste no futuro.

Qual é o tempo da pessoa? O tempo é diferente para cada indivíduo, para cada empresa e para cada tipo de negócio. Se se trata de investimentos em bens de capital, como estradas, infraestrutura, grandes maquinários, não se espera retornos com menos de 25 anos; tratando-se de commodities, o prazo de retorno poderá ser considerado de 5 anos.

Pode-se observar, como exemplo, a dificuldade de conciliar o tempo na cozinha de um restaurante no qual pratos com diferentes cozimentos solicitados por cinco clientes em uma mesma mesa devem sair todos juntos, de forma equilibrada e correta para a mesa dos comensais. Similarmente, uma das maiores dificuldades em negociação é conciliar o *timing* das pessoas, a sincronização e a percepção da velocidade.

4.4 Conflito entre o gestor líder e o empregado

O conflito entre o gestor e seus subordinados traz grandes prejuízos para a empresa, podendo até afetar a saúde desses funcionários. Neste livro falamos da personalidade de dois tipos de gestores líderes que muito frequentemente geram conflitos para as suas equipes. Para que possamos lidar com essas pessoas, devemos traçar o seu perfil, para então desenvolver uma estratégia de negociação capaz de redimir conflitos e dessa forma melhorar o ambiente de trabalho, propiciando a seus liderados menos estresse e uma melhora psicológica no dia a dia de seus trabalhos.

4.4.1 O líder "dono da verdade"

A pessoa que possui um excesso de confiança (dono da verdade) tem por costume superestimar suas próprias habilidades, o que provoca um comportamento de maior propensão ao risco do que o convencional. Suas decisões são pautadas em sua certeza de que suas premissas estão corretas, não importando as consequências caso essas decisões se mostrem equivocadas. Lidar no dia a dia com essas pessoas nem sempre é uma tarefa fácil, e exige grande capacidade de negociação. O dono da verdade nunca deverá se sentir como um perdedor, o que na realidade não é, mas quando sua opinião inicial não prevalece o seu sentimento é de que ele foi derrotado.

4.4.1.1 *Diagnóstico*

Neste caso vamos falar de um personagem muito conhecido no nosso dia a dia. O dono da verdade está em todos os lugares do planeta. Seja ele um político, seja ele um empresário, seja ele um gestor de uma empresa na qual você tenha contato, essas pessoas têm em comum suas atitudes muitas vezes impensadas, cujos resultados podem ser completamente o oposto daquilo que esperam. Ou, ainda, as consequências de suas atitudes podem ser desastrosas, tanto para si como para as pessoas que são suas dependentes direta ou indiretamente. Uma de suas características mais comuns é negar o óbvio, ou mesmo após a atitude que se mostra fracassada oferecerem razões sem lógica.

Podemos ver ainda casos de decisões fracassadas tomadas pelos donos da verdade que, dada a sua excelente capacidade de comunicação, ele consegue eleger um culpado que não seja ele. Em outras palavras, ele sempre converte o insucesso em um case no qual ele não estará presente e sim a pessoa que ele elegeu. Claro que esses fatos ocorrem muitas vezes quando os donos da verdade estão numa posição de liderança sobre você. Mas também é verdade que em outras ocasiões os donos da verdade têm um poder de decisão igual ao seu fazendo com que o jogo seja decidido ao final, tendo sua opinião prevalecido, porém, não tendo havido um consenso.

Nesse caso, essas pessoas geralmente têm uma capacidade muito forte de influenciar as outras e, quando uma decisão consensual se faz necessária, elas acabam não construindo esse consenso, mas impondo sua vontade com alguns argumentos frágeis. Dependendo da contraparte, eles acabam vencendo esse jogo. Logo, quando os donos da verdade encontram pessoas que não têm capacidade de negociar, a vontade do dono da verdade prevalecerá.

O fato é que o relacionamento no dia a dia com essas pessoas em muitos casos se torna insuportável. Portanto, é preciso primeiramente estudar as características dessas pessoas por meio de um diagnóstico de personalidade e aprender a negociar com elas. As técnicas de Newgotiation lhe ajudarão a desenvolver a sua estratégia. Dentre as principais características do dono da verdade podemos citar:

↳ *Ego inflado – Ter de estar sempre certo*

Segundo o famoso psicanalista Sigmund Freud, o ego funciona de acordo com o princípio da realidade. "O ego considera realidades sociais e normas, etiqueta e regras para decidir como se comportar."

Não que o ser humano não deva ter ego, muito pelo contrário, pois o ego é a determinação de certo e errado e nos ajuda a tomar decisões na vida. Porém, existe o que chamamos de ego não saudável, quando a pessoa só vê as suas próprias necessidades e seus desejos. A pessoa com um ego inflado tem a necessidade de estar sempre certa em tudo. Geralmente essas pessoas ficam enraivecidas quando são acusadas de estarem erradas.

Muitos donos da verdade querem sempre mais, pois nunca estão satisfeitos. Eles precisam sempre atingir metas e suas realizações ditam seu comportamento. Eles precisam ter tudo melhor que as pessoas que habitam seu redor. Se um amigo compra novo carro esportivo, eles querem um carro esportivo melhor apenas para mostrar que são melhores.

Alguns outros precisam ganhar sempre. Egos enormes não aceitam a perda. Esses, em minha opinião, são o maior problema dessas pessoas. E, para você que lida com um elas, seu maior desafio é não as fazer ter essa sensação. Essas pessoas vão fazer de tudo para obter sucesso, mesmo que isso signifique ferir outra pessoa. Elas manipulam as coisas para seu benefício. Em muitos casos são até desleais, desrespeitosas e ofensivas. Elas esperam que o mundo gire em torno de suas necessidades.

O dono da verdade dá a si mesmo um senso grandioso de autoimportância, e espera que os outros o vejam dessa mesma forma em todos os momentos. Faz parte de sua personalidade contar e recontar histórias de eventos passados para ser reconhecido e assim despertar a admiração dos outros. Ele costuma enaltecer seu sucesso ilimitado, seu valor e sua beleza para que os outros o vejam como perfeito.

Os donos da verdade também podem sofrer de falta de relações interpessoais. Eles geralmente falam excessivamente e, quando alguém tenta contar algo de si mesmo, ficam chateados, sendo que é muito comum nem prestarem atenção em seu interlocutor. Eles não sabem dar e receber nos relacionamentos. Pessoas egoístas não perguntam: "O que posso fazer por você?" Elas só estão preocupadas com o que os outros podem fazer por elas.

Em resumo, os donos da verdade sofrem de um enorme ego e enxergam sua opinião como a única que importa. Eles são movidos por aquilo em que acreditam e os fatos têm pouca importância para eles.

↳ *Negam o óbvio*

Negar o óbvio é uma das principais características de um dono da verdade. Senão a principal. Essas pessoas têm uma habilidade incomum de reverter determinada situação em que as razões dos demais participantes da conversa lhe são desfavoráveis. Nessas ocasiões o dono da verdade foge do assunto, e se articula rapidamente para apontar os pontos positivos de determinada estratégia, ressaltando as oportunidades das mais diversas e geralmente com um grau de risco de insucesso. Os cenários que constroem suas decisões são só os otimistas que, se porventura não derem certo, podem trazer prejuízos incalculáveis, sejam eles financeiros ou sociais.

Eles não se importam com os pontos negativos elencados pelos demais participantes da conversa e com as avaliações do risco x oportunidades (ou risco x retorno) de determinadas estratégias. Quando os donos da verdade estão numa posição de liderança na qual sua opinião é a decisiva, os riscos aumentam vertiginosamente. É preciso ter um interlocutor com a capacidade de negociar para evitar maiores danos. Ainda que esta não seja uma tarefa trivial, a capacidade técnica de Newgotiation é mandatória.

↳ *Excesso de confiança e de otimismo*

E foi assim que consegui chegar até aqui e montar meu portifólio de ativos. Geralmente, assim começa a conversa com os donos da verdade, quando querem justificar uma decisão não consensual. Ou enaltecer suas virtudes para que seja admirado e dessa forma abra caminho para que consiga impor suas opiniões e suas decisões. Ou seja, esquecem que "sucesso passado não é garantia de sucesso futuro", ainda mais quando acham que o sucesso vem de "seu toque de Midas".

Quando essa situação ocorre dentro de uma empresa, e muito comumente ocorre em empresas familiares, os resultados podem ser desastrosos e até dar um início a um processo de profissionalização da empresa. A criação de um conselho se faz necessária, mas essa transição para a criação de um conselho e o afastamento do criador das decisões finais da empresa geralmente não se dão de forma tranquila. Primeiramente, é necessária a intervenção de um negociador que fará essa transição. As técnicas de Newgotiation são de vital importância para que esse negociador obtenha sucesso.

↳ *Propensos a tomar decisões arriscadas*

Essa característica está ligada em grande parte ao excesso de confiança e ao otimismo. Nesse caso, o excesso de confiança gera uma grande possibilidade para o dono da verdade ser mais propenso a se arriscar. Sendo que esse risco muitas vezes não sofre uma análise mais profunda do risco x retorno envolvido. Nesses casos, uma decisão arriscada pode trazer prejuízos incalculáveis tanto no âmbito empresarial como no social. Às vezes, barrar essas decisões se torna uma tarefa árdua, na qual um gestor, por exemplo em contato com o dono de uma empresa, pode ter problemas de relacionamento em que seu emprego possa até ser ameaçado. Geralmente essas tomadas de decisão não são precedidas de uma análise prévia. A certeza do dono da verdade de que dará certo é a base da decisão. Barrá-la, ou no mínimo conseguir uma análise prévia, requer do interlocutor uma negociação bem articulada para poder reverter essa situação.

↳ *Teimoso*

Costumamos chamar de teimoso ou teimosa aquela pessoa que defende uma posição de maneira firme, sem dar opção para o contraditório. São os chamados cabeças-duras. Não renunciam à própria opinião, fazendo com que em muitos casos sejam vítimas da própria inflexibilidade. Essa característica é muito fácil de ser observada por outra pessoa em relação a você, porém, é de difícil percepção pela própria pessoa quando ela tem as características de teimosia. Confira alguns indícios:

- ▶ Você insiste fixamente em uma ideia, em um plano ou em esclarecer um ponto, mesmo sabendo que está equivocado.
- ▶ Bate o pé para fazer o que gosta mesmo que ninguém mais aprove.
- ▶ Quando outros apresentam uma ideia, sua tendência é apontar as razões pelas quais ela não funcionará.
- ▶ Você fica visivelmente irritado, frustrado e impaciente quando outros tentam lhe persuadir de algo que não concorda.
- ▶ Você dá pouca importância para os pedidos dos outros quando pretende fazer algo completamente diferente.

Podemos dizer também que a teimosia muitas vezes se confunde com perseverança. Mas a perseverança é uma característica importante nas pessoas que costumam ser apaixonadas, decididas, cheias de convicção, capazes de defender suas ideias e de mostrar o lado bom das coisas caso seu esforço seja recompensado. Mas precisamos ter cuidado para que a perseverança não nos torne teimosos.

Vejamos o exemplo de um executivo que era conhecido por sua presença marcante e pelos excelentes resultados na organização. Sua determinação e sua capacidade de se concentrar em questões-chave e soluções o tornaram um ativo de valor para a empresa. Porém, ocorreram momentos nos quais seu próprio talento o cegou e o executivo não foi capaz de enxergar melhores alternativas para a empresa e para os stakeholders importantes. Uma vez o executivo foi inflexível em relação a reorganizar o departamento, a despeito da objeção de seu chefe e do conselho. "Ele é tão focado no que quer fazer que não percebe que poderá ganhar a batalha, mas perder a guerra." Com essas palavras, seu chefe descreveu as atitudes do executivo de maneira correta. No mundo corporativo, muitos executivos excessivamente teimosos não percebem que várias de suas vitórias são às custas de grandes derrotas — enquanto lutam pelo que querem, desconsideram os danos pelo caminho, que não compensam os resultados.

4.4.2 O gestor tóxico

Um gestor tóxico pode vir a gerar um desconforto tão grande em seu subordinado que ele poderá até desenvolver algum tipo de problema psicológico que venha afetar sua saúde. Essa é uma realidade que vivemos em muitas empresas. As consequências para uma empresa que tenha um ou mais líderes tóxicos podem ser inúmeras, como problema de saúde e perda de performance de subordinados, fazendo com que a empresa deixe de criar valor em muitas situações. Porém, minha experiência mostra que, em meus anos de trabalho, por todas as empresas que passei havia um líder tóxico. Em muitos casos eu não era seu subordinado, mas essa pessoa era meu par e mesmo assim seu comportamento afetava trabalhadores do meu setor, e até o meu trabalho. Ou seja, temos de estar sempre preparados para lidar com essas pessoas e evitar ao máximo atritos de forma a tornar a convivência do dia a dia melhor.

4.4.2.1 *Diagnóstico*

Um líder tóxico na realidade não é um líder na concepção da palavra, mas um "chefe" que tem o poder na mão e faz um uso inadequado desse poder que o cargo lhe oferece. A evidência que nos mostra a psicologia do trabalho indica que um bom relacionamento entre um líder e seus subordinados leva a um aumento de produtividade e ao progresso profissional. O líder tóxico tem o poder de acabar com carreiras. Porém, ainda que esse tema seja de conhecimento de todos, muitos gerentes têm comportamentos ou empregam métodos completamente prejudiciais para seus funcionários. Geralmente, esses gestores têm uma visão autocrática de poder e dessa forma não se preocupam com o desconforto causado por seu comportamento.

A fim de gerenciar sua equipe, ele usa a coação ou sanções para fazer com que seus funcionários se comprometam com os objetivos corporativos, em vez de motivar e recompensar para gerar um maior senso de pertencimento e mais comprometimento. Saber negociar com esse tipo de pessoa é crucial para que você não seja afetado psicologicamente e assim consiga produzir melhor em sua empresa ou até possa gerar condições para uma mudança de *mindset* no sentido de uma possível mudança de emprego no futuro. Esse tipo de gestor é uma figura nociva para a empresa e, para identificá-lo, listaremos a seguir algumas das características de um gestor tóxico:

↪ *Administra com ênfase no medo*

Esse é o instrumento que ele usa para fazer com que os funcionários persigam os objetivos institucionais. Em muitos casos, esse líder não tem as competências técnicas para assumir o cargo. Embora essa forma de liderar possa funcionar a curto prazo, a médio e a longo prazos ele dá origem a empresas estagnadas e a funcionários desmotivados e frustrados aguardando o momento exato de deixar a empresa.

↪ *Dificuldade no relacionamento interpessoal*

Não saber escutar e nem se comunicar é um dos sinais mais claros de um líder tóxico. Primeiramente, esse tipo de líder tem em mente que prestar atenção ao que os funcionários dizem é lhes dar uma importância que não lhes faz jus. Eles pensam que escutar os subordinados reduz seu poder sobre eles.

Em segundo lugar, um líder tóxico tem dificuldade de se comunicar. Falta-lhe na maioria das vezes inteligência emocional e até educação na maneira de dirigir sua palavra aos outros. Na verdade, ele usa do artifício de tornar suas instruções desnecessariamente complexas, simplesmente como forma de intimidar os funcionários. Ele usa expressões categóricas na tentativa de manter a aparência que é ele que tem o poder de dar o voto de minerva para decidir uma situação. É seu costume relegar a segundo plano o que os outros dizem, agindo de maneira indiferente ou questionando as pessoas de forma desrespeitosa.

↪ *Falta de habilidade de resolver conflitos*

A falta de habilidade para resolver conflitos também é uma de suas características, e ele costuma ver a ira com bons olhos. Essas pessoas partem do pressuposto que o mau humor e a irritabilidade são sinais de seriedade e responsabilidade no trabalho. Elas entendem essas situações como sendo uma expressão de compromisso e exigência. Por isso é comum que expressem ordens com um tom desagradável ou que solucionem um problema de rotina normal aos gritos. Em sua mente eles acreditam que têm o direito de "repreender" seus funcionários.

Sempre que existe uma dificuldade com algum de seus colaboradores, tentam resolver impondo novas ordens ou mesmo aplicando alguma penalidade. Ou seja, não há preocupação de sua parte por algum desconforto que possa ocorrer com algum funcionário. Assim, se esses funcionários não seguirem as regras impostas, são considerados culpados, pois fazem isso por falta de vontade ou por falta de caráter. O líder tóxico tem como sua principal característica a capacidade de criar uma atmosfera de tensão e de repressões, promovendo discórdia entre os componentes de seu time de liderados. Essa atitude vem de encontro à sua maneira de liderar uma equipe, no sentido de manter um bom ritmo de trabalho para poder melhorar a performance da empresa.

↳ *Ego*

O narcisista

Os narcisistas acreditam que são superiores em tudo que fazem. São os mais inteligentes, talentosos, espertos, criativos e insubstituíveis no que fazem, contudo, sua equipe tem uma visão diferente, achando-os pessoas arrogantes. Não ter atrito com essas pessoas pode evitar problemas futuros para você. Para que você se livre de qualquer problema, desenvolva sua capacidade de negociação e mantenha essa pessoa inserida num contexto de forma que ela se sinta parte da solução encontrada por você. Cabe ressaltar que é de suma importância que o líder tóxico pense que, se não fosse por ele, o resultado não seria positivo. Com o passar do tempo, a própria empresa se dará conta de que esse líder precisa ser treinado.

↳ *Não ser humilde*

Humildade é uma das principais características que um bom líder deve ter. Porém, um líder tóxico tem em mente manter o status do cargo, almeja se vestir como um líder, falar como um líder e renuncia a uma coisa tão importante como a humildade. A humildade é uma ferramenta que o líder deve usar para conquistar a admiração das pessoas, assim elas podem fazer com ânimo o que um líder solicita.

O deslumbramento pela posição de líder também é uma das características de um líder tóxico. Nessas condições eles acabam tendo atitudes arrogantes e prepotentes, e, quando há superioridade, a convivência com seus subordinados no dia a dia se torna insuportável.

Um verdadeiro líder deve antes de tudo aprender a servir. A base de qualquer relacionamento é a confiança. Assim, caso os liderados percebam que seu líder não se importa com sua posição na empresa e faz o que precisa ser feito, independentemente se isso é sua obrigação ou não, ele passa a ser respeitado pelo grupo, que o considera como um exemplo a ser seguido.

Caso o funcionário esteja com dúvida na função que executa, o líder deve ser paciente o suficiente para ensiná-lo, colocando a mão na massa e executando o trabalho do liderado, demonstrando sua parceria e que não tem vaidade alguma em desempenhar uma função que é de seu liderado.

↳ *Não assumir responsabilidades*

O líder tóxico tem dificuldade para reconhecer seus erros, então ele sempre tenta reverter a situação e colocar a culpa em outras pessoas, especialmente nas de menor hierarquia, falando que ele fez tudo o que era necessário fazer e que a sua equipe não fez sua parte. Como costumamos dizer, o líder tóxico pula do barco sempre que ele vê algum perigo desse barco afundar, assim se torna inimigo dos seus liderados, pois sua equipe perde a confiança no líder que ele deveria realmente ser.

Na vida, as pessoas tendem a assumir a responsabilidade de algo que deu certo, pois é muito fácil e cômodo para elas. Mas nem sempre as coisas vão bem. E aí como se comportar nesse cenário? O autor Idalberto Chiavenato ressalta: *"As pessoas podem aumentar ou reduzir as forças e as fraquezas de uma organização, depende da maneira como elas são tratadas."* Logo, podemos concluir que, se um líder tóxico sempre culpa sua equipe por algo que não deu certo e não se inclui nesse grupo, ele acabará tendo uma equipe extremamente desmotivada e com o moral baixo.

4.4.2.2 Prescrição técnica para solução de conflitos entre o gestor líder e o empregado por meio do método (MNC) em Newgotiation

Elemento do processo de negociação: *Cognição*

Solução para diagnósticos em casos de: *Não assumir responsabilidades/Negar o óbvio*

As pessoas que têm um comportamento em que assumem ser donas da verdade quando há uma discussão, ou, ainda, numa simples conversa na qual dão sua opinião e acham que estão certos em 100% dos casos, tendem a muitas vezes negar o óbvio como forma de se defenderem de posições contrárias às suas opiniões. Da mesma forma, um líder tóxico em muitos casos foge da sua responsabilidade em relação à tomada de decisão ou a um consenso de um time. Esses dois personagens têm em comum uma grande capacidade de comunicação. Dessa forma, costumam direcionar as conversas a seu bel prazer, não se importando com a opinião alheia e nem com a construção de um consenso.

Nesses casos, utilizamos o elemento cognição para negociar com esses atores. Podemos afirmar que a cognição é um processo de conhecimento que tem como fontes: a informação do meio em que vivemos e o que está registrado na nossa memória. Esse processo envolve: atenção, percepção, raciocínio, juízo, imaginação, pensamento e linguagem.

A tomada de decisão reflete processos cognitivos e motivacionais que dependem da forma pela qual interpretamos informações, avaliamos riscos, estabelecemos prioridades e vivenciamos sentimentos de perdas e de ganhos. Os comportamentos são analisados a partir de escolhas apoiadas em julgamentos e avaliações sobre a própria situação no processo de negociação. Muitas vezes, tomamos decisões que são inconsistentes com nossos interesses de longo prazo por causa de motivações temporárias ou para perseguir metas alternativas.

A plasticidade do cérebro ajusta, revisa e atualiza informações a todo instante, nosso cérebro cria movimento. O homem não tem controle sobre essas atualizações que o cérebro empreende. Estamos permanentemente aprendendo e revendo posições. A permanente organização, atualização, rescisão e reanálise empreendida pelo cérebro apresenta uma semelhança necessária ao processo de negociação, principalmente em suas etapas de preparação e de criação de valor.

Os negociadores revisam e atualizam seus interesses acrescentando novas informações que vão, paulatinamente, modificando a condução do processo de negociação na busca de ganhos-mútuos. No modelo cognitivo existe uma tendência de nos prendermos a uma única interpretação e, além do mais, se ela for negativa, resistimos às outras.

Nosso sistema de raciocínio comete alguns enganos:

» **Abstração seletiva**: escolhemos o que enxergar e o que ouvir, descartamos e não prestamos atenção quando queremos.

» **Supergeneralização**: ao ocorrer determinada ação, generalizamos ao comunicar o que está ocorrendo "com todo mundo", ou que acontece "em todos os lugares" etc.

» **Maximização ou minimização**: tendemos a amplificar ou a reduzir as ocorrências. Por exemplo, duas pessoas portavam determinado objeto. Tendemos a dizer que vimos "muitas pessoas" ou "quase ninguém".

» **Pensamento dicotômico**: nosso pensamento oscila entre o sim e o não, entre o desejo e não desejo. Temos altos e baixos.

» **Personalização**: quando um indivíduo está emitindo determinado comentário, tendemos a achar que ele está se referindo a nós mesmos e não a uma outra pessoa. É necessário e fundamental que separemos as pessoas dos problemas. O não dado a uma proposta é um não à proposta e não à pessoa.

Assim, o elemento cognição trata do conhecimento e do alinhamento das diferentes compreensões sobre o assunto em pauta, sobre o significado das palavras, ou seja, trata de reduzir o *gap* de percepção das partes sobre uma mesma questão. Portanto, devemos tratar de interagir com esses profissionais de forma a mostrá-los nossas opiniões, mas outra forma de enxergar determinado problema sem, no entanto, passar para eles uma sensação de que saíram derrotados na negociação.

Elemento do processo de negociação: *Relacionamento*

Solução para diagnósticos em casos de: *Não ser humilde/Dificuldade no relacionamento interpessoal*

Cultivar um bom relacionamento é a chave do sucesso. E devemos pensar assim mesmo quando somos gestores, líderes e temos subordinados. Neste caso muitas vezes pequenos elogios podem quebrar barreiras, através da motivação da sua equipe. Porém, não podemos nos esquecer de que um gestor tem a prerrogativa de estar no comando e muitos dos seus liderados, às vezes, aceitam estas pequenas palavras de elogio e se mostram motivados quando na realidade ainda existem problemas de relacionamento. Portanto, ao gestor não somente deve tentar um bom relacionamento com palavras vazias, pois seus subordinados querem ver ação. Querem ser recompensados, não somente financeiramente, mas sim com "carinho".

Porém, como um liderado pode virar o jogo com seu gestor quando ele tem uma personalidade forte, não é humilde e tem dificuldade de relacionamento interpessoal? Bem, neste caso começamos logo pela manhã, batemos nas costas da pessoa e falamos com voz de empolgação: "E aí, bom dia, tudo bem?" se possível aperte a mão, ainda mais se for uma segunda-feira. Bem, falo isto pois já usei esta estratégia e em muitas ocasiões consegui reverter parte de meus problemas de relacionamento. Ou seja, o elogio derruba barreiras e faz com que a outra parte fique mais aberta a ouvi-lo e a barganhar no ganha-ganha (SUSSKIND; MOVIUS, 2009), e assim trazer o seu oponente para um campo comum de interesses ou ainda criar um relacionamento de respeito mútuo.

Sabemos que manter um bom relacionamento com um gestor tóxico, não é tarefa fácil. Portanto, tente sempre trazer este personagem para o campo comum, ou, ainda, utilize a técnica do *rapport* que em psicologia significa desenvolver uma ligação de empatia com outra pessoa, para que se comunique com menos resistência. Assim, um bom relacionamento traz inúmeras vantagens em uma negociação, dado que, caso os atores que estão negociando mantenham um bom relacionamento, existe uma grande possibilidade de que a negociação seja bem-sucedida.

Elemento do processo de negociação: *Concessão*

Solução para diagnósticos em casos de: *Ego inflado/Administração com ênfase no medo/Falta de habilidade de resolver conflitos/Excesso de confiança e otimismo*

Conceder pode não ser uma atitude de fácil decisão para muitos. Num ambiente corporativo, conceder em uma negociação nem sempre é uma estratégia que muitos gostam de utilizar. Porém, se efetuarmos uma concessão na forma ganha-ganha, os benefícios podem ser relevantes, fazendo com que haja valor criado para ambos os envolvidos. Para isso, precisamos entender o elemento cognição aplicado em situações em que haja pessoas com ego inflado ou que tenham excesso de confiança, ou, ainda, a habilidade de resolver conflitos.

Conceder significa oferecer à outra parte algo de que dispomos e que seja de interesse dela. A concessão não significa perder poder. Conceder significa ter poder para oferecer algo que seja de interesse da outra parte. Trata-se de um jogo de estratégia (DUPUY, 1989). Concessão não é fraqueza, e pode ser também um facilitador para fechamento de um acordo, especialmente se há uma reciprocidade de concessão. Refere-se ao comprometimento das partes, à formulação de compromisso, à reciprocidade e a colocar-se no lugar do outro.

Excesso de confiança e dificuldade de conceder

O negociador que tem confiança excessiva acredita que sabe tudo, que sabe a solução, que sabe o que tem de ser feito e o que o outro deveria fazer. Na verdade, ele superestima sua performance.

Como isso se manifesta?

» Reflexos acusatórios (pessoas): a culpa é sempre do outro, que deve admiti-la, mesmo que para isso o relacionamento fique prejudicado. Gera tensão.

» Reflexos posicionais (problemas): "Existe apenas uma solução e é a minha." Há uma falta de consideração pelos desejos dos outros.

» Colocar-se como líder no que tange ao processo: "Sei mais do que os outros e devo decidir o desenrolar da negociação."

O excesso de confiança pode levar a comportamentos intransigentes, a menores concessões e a acordos não colaborativos das negociações.

O excesso de confiança pode ser benéfico em algumas situações, como "se garantir" a se aventurar em empreendimentos ou a inspirar respeito e confiança nos outros. Mas, também, o excesso de confiança conduz a um posicionamento arrogante que gera uma barreira, muitas vezes intransponível, para a tomada de decisões profissionais efetivas.

Um líder deve criar uma cultura de dúvida, sabendo escutar as minorias, que podem enxergar diferente da maioria e, ao mesmo tempo, ter razão.

Na concessão, há também a ideia de doação. Doar pode ser um prazer e não custa, não gera inveja. A noção de doar vem com a concessão, e pode ser um sacrifício se for unilateral. Quando associada a uma causa maior, está associada a uma generosidade. Não fazer concessões pode estar ligado à falta de opções.

Elemento do processo de negociação: *Opções*

Solução para diagnósticos em casos de: *Teimoso*

A teimosia mata — já diz o ditado. A verdade é que a pessoa teimosa, que não volta atrás em nada do que disse, ou no caso de pretensão de uma tomada de decisão errada, pode vir a ser extremamente prejudicial para uma corporação, trazendo enormes prejuízos, e destruição de valor. Portanto, para lidar com essas pessoas, devemos utilizar o elemento de Newgotiation, denominado opções.

O elemento opções refere-se ao conjunto de oportunidades que cada uma das partes/atores/negociadores elenca, a partir do conhecimento dos interesses da outra parte e que poderão ser utilizadas nas trocas. Ou seja, podemos afirmar que quanto maior a gama de opções maiores serão as possibilidades de haver troca de interesses.

Portanto, neste caso devemos usar a criatividade para achar possíveis soluções, mostrando ao "teimoso" quanto ele poderá perder caso não siga determinada oportunidade. Em alguns casos devemos também entender o porquê de a pessoa estar sendo teimosa. Qual seria a razão? Muitas vezes agi desta maneira usando esta técnica, então em primeiro lugar após saber melhor a razão da teimosia concordei com o ponto de vista de meu opositor, criando aí um "lugar comum de concordância", cabe ressaltar que nem sempre concordaremos com o ponto de vista, mas mostramos respeito por sua posição. Em seguida, poderemos criar a(s) opções de resolução dos problemas, fazendo com que sua contraparte na negociação seja obrigada a pensar melhor sua atitude e assim você conseguirá obter sucesso em sua negociação atingindo seus objetivos.

Assim, quando se está negociando com essas pessoas ditas teimosas, devemos colocar várias opções "no ar" e deixá-las capturar a que lhes é mais conveniente, e é claro que seja de interesse mútuo, criando assim valor para ambas as partes.

4.5 A Negociação 4.0 no mundo virtual

As interações pessoais por meio de plataformas digitais, no trabalho remoto, estão cada vez mais frequentes, portanto, decidimos dedicar um espaço em nosso livro para abordar esse tema tão relevante, e que por certo deverá demandar uma atenção especial dos gestores nessa nova forma de relacionamento entre funcionários de empresas. Dessa forma, apresentaremos por meio de nossa clínica uma prescrição de elementos que possam vir a diminuir os atritos derivados da não proximidade física das pessoas, e que muitas vezes fazem com que elas possam se "esconder atrás das câmeras", tendo como consequência o desenvolvimento de atitudes mais agressivas, ou politizadas em relação à criação de um consenso, em reuniões virtuais, ou até mesmo na definição de um novo processo de trabalho.

4.5.1 Como tornar suas reuniões virtuais mais produtivas, com maior engajamento e com menos polarização entre os participantes

O trabalho remoto vem ganhando adeptos ao longo dos últimos anos. A partir de março de 2020 ele ganhou relevância, dado que as empresas foram obrigadas a colocar seus funcionários em *home office* devido à pandemia da COVID-19. Cabe ressaltar que muitas empresas deverão adotar esse sistema para o futuro mesmo após o término da pandemia, e outras passarão a ter um modelo híbrido. Além disso, muitas reuniões que para serem feitas exigiam a viagem de alguns de seus participantes, dado que em muitos casos eles estavam em estados ou países diferentes, deixam de ser mandatórias e passam a concorrer com as reuniões virtuais.

Nesse contexto em que a presença física dentro do escritório não se torna mais possível na época da pandemia ou também deixa de ser mandatória, cria-se um ambiente, nesse caso virtual, onde as pessoas não interagem mais como estavam acostumadas, fazendo com que novas formas de relacionamento sejam estabelecidas. Portanto, como devem ser desenvolvidas essas relações no âmbito virtual? Como deverão ser os processos de tomada de decisão? Como gerenciar os atritos entre funcionários a distância? Os aspectos culturais da empresa que devem ser transmitidos e que, por vezes, geram atritos ganham ainda mais relevância quando estamos trabalhando em grande parte do tempo a distância, assim, como devemos agir para reduzir esses atritos? Como serão desenvolvidos os aspectos negociais tão importantes para se construir um consenso?

4.5.1.1 Diagnóstico

Os professores Rômulo Tarouquella, Vinicius F. Ribeiro e Yann Duzert, por meio do artigo "Como o ambiente virtual impacta nossas decisões?", publicado no MIT Technology Review, definem a principal causa de problemas surgidos nas relações interpessoais devido ao constante trabalho de *home office*: a desindividuação.

Esse é um conceito da psicologia que considera a perda ou a ausência de autoconsciência individual nos membros de grupos e, como consequência, resulta em perda de inibição do indivíduo. Considerando a assunção de responsabilidade, a desindividuação tende a fazer as pessoas não se sentirem responsáveis pelos seus comportamentos e, consequentemente, não se sentem culpadas. Esse sentimento de anonimato pode causar um efeito comportamental, a depender do entendimento do indivíduo acerca de possíveis recompensas ou punições dos seus atos. A desinibição também pode gerar mais agressividade na pessoa devido a uma percepção de enfraquecimento das normas e das restrições sociais.

Considerando as reuniões de tomada de decisão, a mudança no modo da comunicação, passando de presencial para virtual, trouxe desafios para o processo decisório. O contato visual foi reduzido, a comunicação verbal foi parcialmente substituída e, consequentemente, o isolamento social aumentou. Assim, a desindividuação ocorre com frequência, reduzindo fortemente a percepção de se estar sendo observado.

Dessa forma, a sensação de não estar sendo percebido faz que com as pessoas fiquem menos tímidas, e se sentindo anônimas, fazendo com que as reuniões de tomadas de decisão passem a contar com ideias mais polarizadas. Outro fator de peso é a diminuição da comunicação visual, o que pode inibir contribuições diferentes e também alavanca a polarização de ideias. Como consequência, considerando a divergência de opiniões, o tempo para se chegar a um consenso torna-se ainda maior.

4.5.1.2 Prescrição técnica para solução de conflitos no mundo virtual por meio do método (MNC) em Newgotiation

Para que esses efeitos da desindividuação sejam amenizados, facilitando a construção de consenso dos participantes para tomada decisão mais rápidas e evitando conflitos, devemos em primeiro lugar incentivar a participação dos profissionais presentes na reunião, evitando que venham a se sentir excluídos do processo decisório e reduzam seu comprometimento com a decisão e posterior implementação. Assim, a fim de atingir esse objetivo, podem ser feitas perguntas como: "Alguma outra ideia? Esquecemos algo?" Outra ferramenta importante que poderá ser utilizada pelo líder do evento é fazer convites diretos à participação das pessoas presentes virtualmente na reunião, sendo que essa é uma prática especialmente útil nesses encontros remotos, visto que os participantes podem não saber exatamente o momento certo em que devem contribuir.

Existem também ferramentas tecnológicas disponíveis para aumentar a participação e a qualidade das discussões, tais como quadro branco digital, chats e arquivos de colaboração simultânea. Outra boa prática para reuniões virtuais é demonstrar, de forma clara, que a participação de todos é fundamental e que o desempenho de tarefas paralelas, de forma simultânea, como responder e-mails e mensagens sobre outros temas não relacionados à reunião, torna o encontro improdutivo. O uso da câmera também é um recurso que pode e deve ser utilizado. Consequentemente, é esperada uma redução no efeito da desindividuação, visto que se ganham componentes de comunicação não verbal adicionais. Para lidar com essa situação de tomada de decisão em encontros virtuais podemos utilizar alguns elementos da estratégia de Newgotiation, dessa forma podemos suprir o efeito da desindividuação e trazer todos os envolvidos para construir uma decisão consensual.

↪ *Contexto/Ambiente*

O contexto é considerado como os ambientes externo e interno onde se o processo de negociação se desenvolve. Dado que estamos falando de negociação num ambiente virtual onde conforme o artigo fala existe o problema da desindividuação cabe ao líder delimitar o ambiente, ou seja, definir quais os objetivos claros daquela reunião, de preferência informando com antecedência qual seria o contexto da reunião para a tomada de decisão.

Dentro de um ambiente virtual, a definição do contexto de forma clara e objetiva, é mandatório, para que os participantes do encontro tenham a exata noção do que está em discussão. Assim, o negociador deverá ter uma visão holística do processo, que lhe permita identificar as posições, os status e os perfis das partes, que servirão de subsídio para a definição da estratégia a ser adotada. Neste caso o negociador já tendo previamente informações do contexto, ele poderá avaliar a possível reação dos participantes, e assim poderia traçar cenários e estratégias.

↳ *Interesses*

Quando se trata de tomada de decisão em reuniões virtuais que ficam sob o efeito da desindividuação, o negociador perde uma potente arma para conduzir este processo, pois muitos participantes perdem a inibição e, às vezes, tendem a ter atitudes que em uma situação presencial não teriam. Portanto, caberá ao negociador mapear os interesses dos envolvidos, muitas vezes se faz necessário uma conversa prévia com os participantes que possam estar reticentes as decisões que podem vir a ser tomadas. Assim, ao saber dos reais interesses destes participantes o líder negociador desenvolverá uma estratégia na qual ele poderá alinhar os interesses mútuos e então consiga implementar a melhor decisão.

Desta forma, em um ambiente virtual é mandatório que os interesses estejam bem definidos, cabendo ao líder buscar esta informação entre os participantes do *virtual meeting*.

↳ *Opções*

Em um ambiente virtual, o negociador ou o líder deverá ser bem claro nas opções que existem para a resolução de determinado conflito, pois muitas vezes a falta de contato visual faz com que se perca a reação de algum negociador quando as opções são postas na mesa, podendo trazer implicações para a resolução de determinado problema. As opções se referem ao conjunto de oportunidades que cada uma das partes/atores/negociadores elenca, a partir do conhecimento dos interesses da outra parte e que poderão ser utilizadas nas trocas.

Como falamos, em uma reunião virtual alguns cuidados devem ser tomados, para que seja minimizado o risco de insucesso e assim por meio de conversas com alguns (ou todos) os participantes previamente o negociador criará a oportunidade de se ter diversas opções, para diversos cenários. Desta forma podemos obter maior sucesso nas negociações que se referem à tomada de decisões. Quanto mais opções, maiores as possibilidades de troca, mais "rico" se tornará o acordo. Enriquecer o resultado da negociação, depende de criar novas oportunidades que agreguem valor e complementem a negociação, minimizando o risco de insucesso.

↳ *Relacionamento*

Esse elemento da negociação é um dos mais difíceis de se construir quando estamos falando do mundo virtual, porém, o mais relevante. Esse elemento trata de como as partes se relacionam. Assim, o líder negociador deverá usar de certas técnicas antes de abrir o *meeting*, usando de empatia para com os participantes, mostrando interesse na sua condição atual trabalhando no ambiente virtual, conversando sobre assuntos cotidianos como forma de quebrar o gelo. Cabe ressaltar que, dependendo da quantidade de participantes, o líder negociador não poderá fazer o "quebra-gelo" individualmente, mas deverá procurar assuntos que envolvam os participantes, como, por exemplo, temas não polêmicos que sejam de interesse mútuo. Desta forma o líder já conseguirá abrir caminho para as discussões mais difíceis para a tomada de decisão. Importante ressaltar que esta fase da reunião, de "quebra-gelo" ou construção de "empatia" não deverá ser estendida por um grande espaço de tempo, para que não se torne uma "coisa forçada"

Ao final, podemos afirmar que o processo de trabalho remoto veio para ficar, ainda que as restrições de mobilidade devido ao fim da pandemia acabem. Seja forma de trabalho híbrido ou totalmente remoto, o fato é que os problemas de conflito, e de comunicação continuarão existindo, porém, com uma nova roupagem. Logo, as técnicas para apresentadas de redução de atrito e construção de consenso deverão ser seguidas, como forma de melhora de performance de sua equipe de trabalho.

4.6 Gerenciando e negociando em extrema incerteza

Incerteza é um fator que está sempre presente no mundo dos negócios. Empreendedores lidam com a incerteza na criação de seus negócios, sendo que aqueles que desenvolvem habilidades específicas de como controlar as emoções, ter o pensamento positivo, ser resiliente, ser persistente, e ter capacidade de se adaptar a mudanças, conseguem melhor performance perante seus pares. Porém, não podemos nos esquecer também daquela dose de criatividade que se faz importante no desenvolvimento da inovação.

Outro grupo que também é exposto a fatores de incerteza são os investidores mais propensos ao risco. Estes aproveitam grandes momentos de incerteza para investir e obter maiores retornos, pois, segundo as leis das finanças, quanto maior o risco em um investimento maior o retorno.

Nesses casos, estamos falando de incerteza de um negócio comum a todo cenário macroeconômico, seja ele em um ambiente de crescimento ou até num ambiente de recessão.

Porém, vivenciamos nesses últimos anos uma incerteza sistêmica devido à pandemia que mostrou às empresas a importância de se ter um equilíbrio entre decisões mais radicais e decisões que não sejam eficazes. Muitos destes problemas decorrem de atitudes do corpo de gestores que visam ao interesse próprio, criando silos nas empresas, o que dificulta o consenso.

O case pandemia da COVID-19 — A incerteza sistêmica

Em uma época de crise, especialmente uma tão profunda e única como a pandemia da COVID-19, a incerteza é extrema e as informações mudam diariamente. A maioria das organizações percebeu que lhes faltam as ferramentas para administrar com eficácia em tais condições.

Podemos exemplificar com o que aconteceu no ápice da pandemia, quando as projeções dos EUA mostraram volumes crescentes de casos de COVID-19 e na semana seguinte eles estavam diminuindo. O que fazer? O que ocorrerá nos próximos dias, semanas, meses? Ou seja, como poderemos encarar o novo normal? O fato é que crises como essa tendem a remodelar economias inteiras.

A pandemia também tem sido única, pois há um grande grau de mudança diária durante um longo período. Isso é muito diferente de uma típica crise corporativa na qual um evento pode ter alguns efeitos colaterais, mas a incerteza é contida em grande parte a um curto período. No outro extremo, estão as crises de longa duração, mas de baixa magnitude diária de mudança, em que você pode ver como a mudança climática está se desenrolando. A pandemia da COVID-19 implicou muita mudança durante um longo período. As equipes de gestão veem suas suposições mudarem semanalmente e até mesmo diariamente, e a maioria dos sistemas de gestão não lida bem com esse nível de incerteza. Portanto, faz-se necessário o acompanhamento minucioso dos principais líderes junto a suas equipes e o entendimento das principais necessidades alinhadas à estratégia principal da empresa para que esses gestores consigam chegar ao senso comum em que o principal objetivo seja a criação de valor da empresa e sua perenidade.

4.6.1 Diagnóstico

Em muitas situações existem indicadores iniciais que podem alertar os líderes empresariais para começar a se preparar para uma crise, já em outras não. Podem ocorrer situações na qual os indicadores apontam para futuros momentos turbulentos, mas que não acontecem no curto prazo, o que impossibilita a adoção de medidas preventivas. Nesses casos, estamos diante de um problema de *timing*. Podemos citar um exemplo clássico do que foi a crise do subprime, quando muitos analistas previam uma crise, porém, o mercado financeiro apostava contra, e essa situação perdurou por um bom tempo. O que ocorreu para muitos foi uma falta de preparo para enfrentar a situação dado que ocorreu uma situação de *timing*, na qual as evidências estavam longe de mostrar sinais de crise.

Já no caso da COVID-19, alguns gestores que importavam da China estavam observando suas cadeias de abastecimento e tiveram algum alerta, assim a preparação precoce os ajudou. Em muitos casos, você tem que ser capaz de passar para uma base de gerenciamento de crise dentro de horas ou dias.

Gestores otimistas x gestores pessimistas

Em muitas situações pode ocorrer o excesso de otimismo por parte dos gestores, ou seja, a relutância em imaginar os piores cenários, o que tende a ser uma força poderosa em muitas organizações. Outro desafio é a instabilidade informacional. No fim de janeiro e no início de fevereiro, as pessoas diziam que a COVID-19 não era tão severa assim. A informação em alguns casos de crise é técnica, quer você esteja falando de chips de informática, produtos com problemas de funcionamento ou vírus. O problema só é diagnosticado ao longo do tempo e isso cria uma incerteza significativa, mesmo quando mais informações fluem.

No exemplo de termos líderes otimistas, a razão mais comum para eles se portarem dessa forma é o fato de se comprometerem com um plano estratégico que envolve cumprir orçamentos e depois passar o ano fazendo todo o possível para atingir esses resultados. Num ambiente de extrema incerteza, isso pode ser a decisão errada, ainda que se saiba que é um desafio para os executivos admitir que a direção de sua estratégia está errada, pelo fato de que as informações subjacentes mudaram. Logo, criar um espaço dentro da equipe para revisitar e reanalisar as suposições, para que seja feita uma mudança de rota, é crítico quando enfrentamos situações extremamente incertas.

Por outro lado, quando lidamos com circunstâncias altamente incertas, as pessoas podem frequentemente se tornar pessimistas, e isso pode ser tóxico, tanto para a equipe como para os gestores da empresa. Por isso, é necessário que as empresas tenham entre seus líderes pessoas com alto nível de resiliência, por exemplo, pessoas que tenham lidado com uma tragédia pessoal ou profissional em sua vida, ou que tenham um histórico de recuperação de situações difíceis. Além da resiliência, você precisa de líderes que sejam capazes de absorver muito e ampliá-la somente quando isso impulsiona a organização. A criação de grandes quantidades de atividade quando você está lidando com extrema incerteza leva ao esgotamento, de modo que o líder precisa absorver informações e desafios à medida que eles chegam. Outra realidade prática é que a equipe do centro nervoso precisa ter a confiança do resto da gerência. Uma das funções dessa equipe é tomar decisões rapidamente, o que, às vezes, implica em curto-circuitar os processos normais de sindicalização e tomada de decisões.

Para evitar a onda de pessimismo, é importante que os gestores tenham em mente três dimensões: descobrir, projetar e executar. Um dos principais papéis dos principais executivos da empresa é descobrir, fazendo perguntas e tentando compreender com afinco as suposições que precisam ser testadas sob pressão. Nenhuma suposição pode se tornar sagrada. Os membros da equipe precisam dessa mentalidade de descoberta, porque, se você reduzir seus cenários muito rapidamente, pode perder a evolução da crise. Quanto à concepção, as soluções muitas vezes têm que ser projetadas a partir do zero. Haverá elementos da resposta que você nunca fez antes. Tem que ser um processo iterativo, porque, se você ficar preso, nenhuma decisão será tomada e você acabará "engolido" pela situação de crise.

4.6.1.1 *Prescrição técnica para construção de consenso reduzindo os efeitos da incerteza por meio do método (MNC) em Newgotiation*

Elemento do processo de negociação: *Contexto/Ambiente*

Solução para diagnósticos em casos de incerteza sistêmica

Definimos o contexto como a representação dos ambientes externo e interno onde se desenvolve o processo de negociação e faz-se necessária a intervenção de um mediador. Logo, quando há incerteza a ação do mediador deve estar focada primeiramente no ambiente, pois caberá a este ator a construção de uma história na qual seja criado uma forma de mostrar aos envolvidos que mesmo em um momento de incerteza (contexto atual) pode ser propício para que sejam desenvolvidos novos planos onde possam ser tiradas vantagens da situação. O líder negociador terá também que mostrar que o contexto de incerteza leva a sermos mais conservadores para que sejam evitados prejuízos, sejam de ordem financeira, profissional e emocional. Portanto, a criação de links no contexto atual com contexto futuro é das mais relevantes etapas dentro de um processo de negociação em situações de crise e de incerteza.

Lembrando que em momentos de incerteza devemos sempre minimizar os riscos, definir qual é o objetivo principal da empresa, e se abster sobre decisões tomadas anteriormente pelos gestores.

Elemento do processo de negociação: *Cognição/Comunicação*

Solução para diagnósticos em casos gestão de risco em momentos de incerteza

O elemento cognição ou comunicação tem relação com a percepção dos envolvidos em uma negociação sobre o que é bom para A e o que é bom para B. Logo, em um ambiente de incerteza muitos atores tendem a desenvolver um pensamento negativo que por vezes atrapalha até na própria solução de algum caso, pois esta parte acredita que será muito prejudicada caso o cenário traçado ocorra. Portanto, caberá ao mediador mostrar os pontos positivos para A e para B que atendam a seus anseios. Após mostrar esses pontos ele deverá encontrar um bem comum às duas partes, sendo que para isto ele deverá utilizar sua capacidade de negociação e também sua criatividade para que possa montar essas histórias. Quando o cenário é de incerteza sistêmica, temos que tomar estas decisões que porventura possam ser contra nossos interesses de curto prazo, mas que no momento são cruciais para "passarmos pela tempestade" e aí sim mudarmos a rota para a fim de buscarmos os objetivos de longo prazo. O mediador deve enfatizar que justamente nesses momentos não devemos tomar decisões precipitadas somente por conta do momento de incerteza, e sim tomar decisões que aparentem ter pouco efeito no curto prazo, mas que no longo prazo após as incertezas serem dissipadas possam gerar valor para todas as partes envolvidas.

A função de um negociador nesses casos deve ser primeiramente analisar e interpretar a capacidade de motivação e de "espírito" dos envolvidos no processo. Muitas pessoas tendem em momentos de incerteza tomar decisões que poderão representar um problema futuro, pois lhes faltam resiliência, medo do que poderá acontecer, aversão ao risco. Assim o negociador deverá desenvolver uma estratégia que deverá levar em conta todos estes problemas com os envolvidos e assim construir uma história que mostre quais os pontos positivos de agirmos pensando no futuro, sem que tenhamos medo de errar.

↳ *Percepção da realidade — No momento mais incerto*

O nosso cérebro cria uma realidade, porém, existe uma limitação sobre o que somos capazes de ver e de perceber (KLEIN, 2013). Devemos buscar conhecer quais as informações que os outros negociadores/indivíduos têm sobre um mesmo objeto. Fazer uma análise de 360° de toda a situação, considerando os problemas de todas as áreas e seus impactos num todo. Nesta hora, os gestores devem compreender que não haverá um setor que se beneficiará de uma determinada situação e terá uma posição de destaque no *management* da empresa, mas sim o todo que deverá estar unido em prol de um objetivo comum.

Assim, o elemento cognição trata do conhecimento e do alinhamento das diferentes compreensões sobre o assunto em pauta, sobre o significado das palavras, ou seja, trata de reduzir o *gap* de percepção das partes sobre uma mesma questão.

Elemento do processo de negociação: *Interesse*

Solução para diagnósticos em casos criação de um ambiente de cooperação entre os gestores

Quando consideramos os interesses em uma negociação, estamos pensando nos resultados que desejamos obter. Ou seja, quais são seus desejos, suas preferências e suas necessidades reais na negociação? Quais são os interesses da outra parte? O que é negociável ou inegociável? Os interesses podem ser de origem financeira, de logística, de estratégia de marketing, tamanho de orçamento, salarial, político etc.

Num ambiente de incerteza, a empresa deverá buscar o interesse comum acima do interesse das diversas áreas. Para atingir resultados que gerem valor para ambas as partes, devem-se superar emoções, intempestividades, preocupações, medos, desejos, necessidades e esperanças. As pessoas têm seus próprios interesses e eles variam em função de determinado contexto. Porém, quando há um contexto de muita incerteza e alto risco para as decisões que precisam ser tomadas pelo mediador, ele deverá ter a capacidade de criar a percepção entre os envolvidos que, para a sobrevivência de todos, o interesse deverá ser comum. Interesses são valores subjacentes às posições e constituem as razões pelas quais são estabelecidas as posições e as exigências. Quais os motivos, desejos, que estão por trás dos pedidos e das posições? A definição dos interesses conduzirá a negociação, o que é fundamental nesse processo.

Elemento do processo de negociação: *Opções*

Solução para diagnósticos em casos de polarização entre gestores otimistas e pessimistas

As opções em negociação se referem ao pacote de negociação. Cabe ressaltar que opção não são alternativas fora do negócio, elas se apresentam dentro do pacote do contrato. Elas são consideradas como as possibilidades que cada uma das partes/atores/negociadores possui, a partir do conhecimento dos interesses da outra parte e que poderão ser utilizadas nas trocas. As opções enriquecem a negociação, aumentam o "tamanho da torta". Quanto mais opções, maiores as possibilidades de troca, mais "rico" se tornará o acordo.

Enriquecer o resultado da negociação depende de criar oportunidades que agreguem valor e complementem a negociação.

Essas oportunidades podem ser criadas por meio de um estudo de alternativas, através da liberdade de pensamento, pois não representam qualquer compromisso, simplesmente são ideias livres. Quanto mais opções existirem, mais poder se tem na negociação, pois você passa a ter mais oportunidades a serem trocadas, ampliando assim as possibilidades de ganhos mútuos (URY, 2014).

As opções a serem criadas e o uso da criatividade dos gestores como solução de momentos de incerteza são fundamentais para que seja criado um consenso. Ou seja, gestores devem focar o problema central e daí partir para a construção de um *framework* de alternativas em que todos os envolvidos na cadeia do processo devem ser analisados. Quais incertezas sistêmicas poderão afetar mais, quais serão menos afetados e quais as consequências para todos os envolvidos.

Criar várias opções considerando todos os departamentos se faz necessário, tendo sempre que se levar em conta que num momento de grande incerteza as opções podem contrariar diversos interesses, mas que se tivermos um gestor negociador que pondere os fatos poderemos chegar a um acordo que gere valor para a empresa e, consequentemente, para todos os envolvidos. Cabe ressaltar que, quando estamos criando essas opções, o viés pessimista e otimista deverá ser evitado, e assim será possível considerar uma situação real dos fatos que estão ocorrendo.

Elemento do processo de negociação: *Tempo*

Solução para diagnósticos em casos urgência na tomada de decisão – equalização de tempo das diversas áreas envolvidas no processo

O **Tempo** é um elemento crítico num processo de negociação. Ou seja, um negociador quer longo prazo, outro quer curto prazo. Ou ainda, quando há muitas incertezas no presente, qual é o tamanho da contingência que deve ser criada para minimizar os riscos? Há uma garantia de que dadas determinadas condições o acordo prevalecerá; se as condições não se configurarem, partes do acordo, vinculados a estas condições, estão cobertas pelo contrato e não sofrerão qualquer punição. Uma parte ganha uma garantia no presente, se futuras condições ocorrerem.

O tempo também está ligado à questão da velocidade do processo dos atores envolvidos na negociação, como o departamento jurídico, o departamento financeiro, o departamento comercial, enfim, cada um tem a sua velocidade que em uma negociação bem-feita deve ser criada uma harmonia entre os envolvidos para que o serviço flua e seja criado valor.

Porém, quando estamos navegando num ambiente de muita incerteza, os gestores devem buscar equalizar seu próprio tempo. Nesse caso, o negociador gestor de crise deve buscar alinhar o tempo dos diversos gestores, que numa situação normal sempre são encontradas diferenças gritantes. Esse fator também é crítico dado que, se não houver essa equalização, alguns gestores podem vir a ficar em "páginas diferentes" e dessa forma atrapalhar a tomada de decisão em prol do objetivo comum. Para que o tempo estes gestores seja equalizado, o negociador deverá buscar a quebra de barreira devido a diversos interesses e buscar adaptar a gestão de todos os atores numa "orquestra" afinada, na qual pelo atraso do tempo de um ator não haja uma "desafinada" de todo o conjunto. Ou seja, o tempo justo sempre deve ser buscado em uma negociação.

05

Conclusão

O termo negociação por muito tempo teve a conotação de uma ação que ocorria entre participantes diversos com interesses diversos, tentando cada um impor sua ideia e levar alguma vantagem em relação ao oponente. Ou seja, quando o profissional A negocia bem, ele ganha alguma coisa que seu oponente B havia perdido. Portanto, o profissional A teve méritos e foi elogiado e o profissional B, seu oponente, foi o grande perdedor que logo era "rotulado" de um mau negociador. Dentro desse contexto, quando uma negociação ocorria um dos envolvidos deveria sair vitorioso e o outro era o perdedor, assim muitas vezes ou não era possível se chegar a um acordo, ou algumas das partes envolvidas se impunha por certa vantagem. Porém, essa forma de negociar dentro da metodologia Newgotiation não faz sentido, pois seu foco é numa negociação que gere valor para todos os envolvidos, ou seja, essa metodologia é um novo sistema integrado para promover a mentalidade dos negociadores bem-sucedidos. Sua lógica de aplicação leva em conta uma abordagem global com técnicas baseadas em quatro passos e dez elementos que ajudam a conduzir um processo de negociação. Esse processo faz com que ocorra ganha-ganha no compartilhamento de informações.

Depois de ter introduzido a sua lista de elementos e a sua lista de verificação da outra parte, você tem uma visão clara dos problemas e das oportunidades. A ferramenta da tecnologia da informação ajuda a envolver a Newgotiation com a etapa de criação de valor. A etapa de criação de valor será metodicamente conduzida pelo uso e pela exploração dos elementos: interesses, opções, comunicação, relacionamento e poder. Iniciando uma Newgotiation com o passo da criação de valor haverá a criação de um clima relacional, facilitando a construção da confiança. Trata-se de realizar brainstorming e conversa exploratória, e definir o porquê, a construção da confiança e a preferência. Essa etapa cooperativa é seguida pelo passo distribuição de valor, que é mais competitivo; é o momento crítico na Newgotiation, pois trata-se do preço ou do núcleo da questão.

A etapa de distribuição de valor se voltará para o uso de provas, tratando o outro com imparcialidade e neutralidade. O uso de elementos de conformidade legal, normas, concessões, comunicação e relacionamento ajudará a diminuir a tensão e facilitará a construção do consenso. O acompanhamento até a etapa funcionará como monitoramento das decisões, tomada de decisão e ação (DUZERT; SIMONIATO, 2017).

Num contexto empresarial, o tema negociação ganhou um apelo bem diferente nesses últimos anos. Uma nova geração que apoia a diversidade e também a ideia de ter uma vida mais equilibrada entre o pessoal e o trabalho, decisões financeiras que passaram não só visar à maximização da riqueza do acionista, mas também a focar o social e a sustentabilidade, a dinâmica das empresas familiares, e o cada vez maior número de empresas com ativos intangíveis que exigem uma administração financeira específica. Tudo isso faz com que haja um maior número de situações de conflito, onde o desenvolvimento da capacidade de negociar dos profissionais envolvidos ganha relevância.

Assim, o colaborador que esconde informações, que não colabora, que joga o jogo do ganha/perde, ficará fora do jogo. O novo estilo de negociar "Newgociador" faz uso de técnicas, de metodologias que facilitam uma nova forma de liderança sobre os "dinossauros da negociação" que utilizam a "Lei de Gerson" para levar vantagem em tudo, assim como usam a malandragem e a negociata como modelo de decisão.

A construção da empresa que tenha uma liderança negociadora, a institucionalização da negociação por meio de plataformas colaborativas gera mudanças na organização do trabalho e vem facilitar ganhos de produtividade inéditos. Passamos em torno de 80% das nossas vidas negociando, portanto, o entendimento de que em uma negociação devemos pensar em construir uma situação de criação de valor para os envolvidos é fundamental. Hoje não é mais possível pensar em existir uma liderança onde os envolvidos não dominem a arte de negociar, portanto, como descrevemos em nosso livro além das empresas tentarem formar líderes com habilidades específicas em determinados segmentos, a habilidade de negociar deve ser elevada a uma categoria relevante, pois desta forma os líderes poderiam implementar processos, estratégias, contando com o apoio incondicional de seus liderados, ou mesmo os próprios colaboradores passariam a ter em mente a importância de um time focado em seus objetivos, sem o desenvolvimento de vários atritos decorrentes, em muitos casos, da necessidade de atingir objetivos próprios em vez de pensar no objetivo comum.

06

Análise de cases reais

6.1 Introdução

Em nosso livro procuramos proporcionar ao leitor uma experiência prática sobre situações que geram conflitos e sua forma de resolvê-los com a utilização de técnicas de Newgotiation 4.10. A ideia principal desta obra é apresentar exemplos de nossa clínica de resolução de conflitos para que o leitor possa se identificar com o contexto da situação e aprender a forma de lidar com os problemas, tendo por meio da ferramenta da negociação a forma ideal para gerar valor e reduzir atritos. Neste capítulo, apresentamos vários casos reais sobre resolução de conflitos, as técnicas utilizadas e o valor gerado nas negociações. Assim, o leitor terá a oportunidade de aprender a partir de exemplos reais a melhor forma de conduzir uma negociação, melhorando seu entendimento das técnicas utilizadas no dia a dia dos negócios.

6.2 Cases reais de fusões e aquisições

Neste capítulo, apresentamos situações que dão ênfase a cases de negociação em empresas que passaram por um processo de fusão e aquisição, dado que esse processo é rico em exemplos de conflitos, sejam eles por motivo de interesse, poder, ego dos sócios, *clash* de cultura entre as empresas, tamanho de cada corporação, estágio de governança (ex.: de casos de fusões e aquisições entre empresas familiares e de capital aberto ou compra de empresas familiares por *private equity*).

Portanto, o leitor terá a oportunidade de entender como se desenvolve um processo de negociação entre grandes corporações e assim poderá desenvolver ferramentas próprias que levem ao desenvolvimento de um plano específico negocial que atenda às suas necessidades.

Nestes exemplos, descrevemos o contexto da operação e da situação das empresas e exemplificamos as soluções através da utilização do método Newgotiation 4.10 e da ótica dos dez elementos da negociação.

6.3 Case: AB INBEV & SABMILLER

Introdução

Neste case, identificamos a utilização de vários elementos da negociação. Esta foi uma operação complexa na qual os mediadores utilizaram técnicas de negociação para solucionar diversos conflitos. Este é um case rico em exemplo que mostra as diversas barreiras que devem ser transpostas para que seja atingido o objetivo de uma fusão que gere valor para ambas as empresas.

1. Contexto

A AB InBev é uma empresa experiente que foi fundada em 2008, mas que, no entanto, mostra um histórico de suas fusões de negócios há muitas décadas. As três principais aquisições que caracterizam a empresa são a Interbrew, estabelecida em 1987, a Ambev, estabelecida em 1999, e a Anheuser-Busch, estabelecida em 1852.

A AB InBev tinha uma forte presença na Europa, na Ásia e na América. "Seu portfólio incluía mais de 30 marcas como Stella Artois, Beck's, Modelo Especial, Bud Light, Corona, Skol, Brahma, Antarctica, Michelob Lager, Harbin e Jupiler, e valia mais de US$1 bilhão. Em 2015, a empresa tinha mais de 150 mil funcionários e operações em 25 países, sendo a 5ª maior empresa de bens de consumo do mundo em faturamento. Foi até setembro de 2015 que a AB InBev fez uma primeira oferta privada para adquirir a SABMiller" (NURIN, 2016).

Por outro lado, a SABMiller começou em 1895, quando foi fundada a South African Breweries. Aquisições como a Miller Brewing da Phillip Morris em 2002, a Baviera, uma empresa localizada na Colômbia em 2005, e a presença no mercado europeu com a cervejaria italiana Birra Peroni em 2003 fizeram da SABMiller a segunda maior cervejaria do mundo. "Outras aquisições notáveis incluem Royal Grolsch em 2008 e Foster's Group da Austrália em 2011, sua maior aquisição. A empresa possuía mais de 100 fábricas de cerveja engarrafadas em 80 países e tinha mais de 70 mil funcionários. Produziu marcas famosas como Foster, Pilsner Urquell,

Miller Genuine Draft, Castle Lager, Peroni ou Grolsch. A empresa também foi um dos principais engarrafadores da Coca-Cola Company. Seus principais mercados eram a África, com 33% da receita, e a América Latina, com 35% da receita. Em 2015, a SABMiller comemorou 120 anos de fabricação de cervejas" (ESCOLA DE ECONOMIA DE SÃO PAULO, 2017).

PARTICIPAÇÃO DAS EMPRESAS – VOLUME GLOBAL DE CERVEJAS

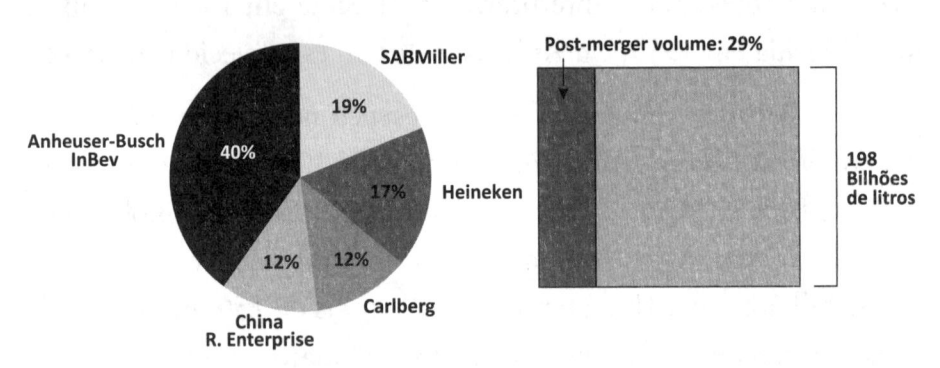

- Anheuser-Busch InBev: 40%
- SABMiller: 19%
- Heineken: 17%
- Carlberg: 12%
- China R. Enterprise: 12%

Post-merger volume: 29%
198 Bilhões de litros

Figura 6 • Participação das empresas - volume global de cervejas
Fonte: Autoria própria com dados extraídos do *Wall Street Journal* (2015).

Nessa figura, podemos observar a participação da cerveja em volume por cinco das mais importantes empresas desse setor. Após a negociação, estas duas grandes empresas atingiram quase 30% de participação no volume global de cerveja. "A aquisição da SABMiller pela AB InBev de £78,4 bilhões criou a primeira cervejaria verdadeiramente global, com operações em quase todos os principais mercados de cerveja" (FRESHFIELDS, 2021).

Esse negócio parecia ainda mais atraente para a AB InBev porque a SABMiller "era relativamente barata na época, graças ao recente crescimento lento nos mercados emergentes, onde mais de dois terços de seus lucros vieram da África do Sul e da Colômbia". O anúncio da fusão veio em uma época em que o consumo de cerveja estava caindo em grandes mercados. Esse colapso foi devido às mudanças demográficas, ao surgimento de novas bebidas (vinho, cidra), a uma regulamentação mais rigorosa e à desaceleração econômica. A pressão competitiva também se intensificou com o boom dos pequenos fabricantes artesanais de cerveja. Nesse contexto, as empresas tinham muitas razões e fatores importantes que as fizeram chegar à aquisição final que ocorreu em 2016 (NURIN, 2016).

2. Interesses

A fusão criaria potencialmente uma "gigante da cerveja verdadeiramente global e uma das empresas líderes mundiais em bens de consumo. Dadas as pegadas geográficas complementares e as carteiras das duas empresas, o grupo combinado estaria presente em quase todos os mercados, incluindo algumas das principais regiões emergentes com sólidas perspectivas de crescimento, como África, Ásia, América Central e América do Sul. A SABMiller, que obteve quase um terço de suas receitas da África, daria à AB InBev uma forte presença no continente que foi percebida como crítica para o crescimento futuro" (ESCOLA DE ECONOMIA DE SÃO PAULO, 2017).

Os interesses dessa negociação começaram quando a AB InBev estava tendo dificuldades no Brasil e nos Estados Unidos, em dois de seus principais mercados. "Carlos Brito, CEO da AB InBev, acredita que a combinação gerará oportunidades significativas de crescimento e criará maior valor para o benefício de todas as partes interessadas". Ao reunir recursos, a empresa construiria uma das principais empresas de produtos de consumo do mundo. O presidente da SABMiller, Jan Du Plessis, também demonstrou o interesse de sua empresa nessa fusão dizendo que "a SABMiller tem uma pegada inigualável em mercados em rápido crescimento e em desenvolvimento, sustentada por nosso portfólio de marcas icônicas nacionais e globais. Entretanto, a oferta da AB InBev representa um prêmio atraente e um retorno em dinheiro para nossos acionistas, e assegura a entrega antecipada de nosso potencial de valor a longo prazo, razão pela qual a Diretoria da SABMiller recomendou unanimemente a oferta da AB InBev" (ESCOLA DE ECONOMIA DE SÃO PAULO, 2017).

"A negociação do grupo combinado venderá mais de um quarto de todas as cervejas vendidas em todo o mundo. Para a AB InBev, ela proporciona a entrada na África e em grandes mercados latino-americanos de rápido crescimento, como Colômbia e Peru" (GELLER; BLENKINSOP, 2016). "Este negócio foi fechado em outubro de 2016, uma das maiores aquisições de uma empresa listada em Londres e uma das negociações mais complexas da história", segundo a Freshfields. Considerando que durante anos a SABMiller foi a maior concorrente da AB InBev, a empresa decidiu que era hora de fazer uma proposta de compra para sua rival.

3. Opções

Durante a negociação, na terceira proposta AB InBev e SABMiller, existem algumas opções a considerar a fim de encontrar um acordo entre ambas as partes. Aqui são feitas opções durante a negociação:

▶ Escolha entre pagamento em dinheiro e ações para os acionistas da SABMiller, a fim de permanecerem investidos na indústria da cerveja, evitando impostos.

Quando a SABMiller aceitou a proposta de negociação, exigiram, antes do início das negociações, a existência de uma cláusula que especificasse que, em caso de bloqueio do acordo pelas autoridades reguladoras ou acionistas, seria necessária uma taxa de ruptura de 3 bilhões de dólares. A AB InBev também aceitou essa posição.

Nessa negociação, teria sido possível para as empresas agir de forma diferente em seus melhores interesses, mas elas fizeram sua própria escolha. Ainda vamos enumerar as poucas opções que poderiam estar disponíveis para as empresas, ou que elas poderiam ter estudado.

Elas poderiam ter decidido entrar em uma parceria com uma marca do grupo InBev (como AmBev, ou Grupo Modelo, por exemplo); ou aceitar a fusão da AB InBev com a SABMiller, desde que a SABMiller permanecesse independente em suas decisões comerciais, criativas e de parceria.

4. Poder

Com relação a esta parte, há alguns pontos para ambas as empresas que podem influenciar a negociação.

A AB InBev queria fechar a negociação rapidamente, mas os acionistas da SABMiller recusaram três propostas anteriores da AB InBev porque estimaram que o preço era muito baixo. Nessa situação, a AB InBev tinha um objetivo de crescimento no mercado africano.

Ao mesmo tempo, essa aquisição poderia permitir uma sinergia de 1,5 bilhão de dólares. Ela também inclui 5.500 layouts (CEO da SABMiller também) para os próximos três anos no futuro grupo. Foi por isso que a SABMiller pediu um preço melhor, porque, com o negócio final de $107 bilhões, Alan Clark (CEO da SABMiller) ganharia $1,8 bilhão.

↳ *AB InBev:*

A AB InBev tem o poder financeiro porque eles são provavelmente os únicos que podem pagar uma quantia tão grande de dinheiro. Eles também são maiores que a SABMiller (tanto em termos de faturamento quanto de EBITDA, segundo relatórios da AB InBev e da SABMiller), o que significa que essa aquisição só pode ser feita de uma maneira: A AB InBev toma a SABMiller e não o contrário.

Esse acordo pode permitir que a empresa ajude a SABMiller, que está perdendo velocidade de crescimento enquanto todos os concorrentes estão crescendo. Essa aquisição pode permitir algumas sinergias e ajudar a empresa nesse novo começo a fim de desfrutar do poder da AB InBev.

Em outubro de 2015, "o grupo holandês Heinekein explicou que tinha sido abordado pela SABMiller, que teria feito uma oferta sem especificar o valor do possível negócio. Alguns estavam pensando que essa aquisição, ao aumentar a massa crítica da SABMiller, teria refletido seu desejo de se proteger de uma possível aquisição" (=da AB InBev).[1]

↳ *SABMiller:*

A AB InBev quis fechar o negócio o mais rápido possível e a SABMiller já recusou três propostas. A AB InBev parece desesperada e pronta para pagar mais do que o normal. A SABMiller sabia que a melhor "compensação" que ela poderia ter era um preço muito bom. Além disso, essa aquisição fazia parte da estratégia da AB InBev porque ela queria ser um gigante internacional e não apenas um gigante regional. O mercado africano era claramente um dos principais objetivos dessa transação. Portanto, a AB InBev tinha mais poder que a SABMiller porque a AB InBev era maior, tinha o dinheiro e a SABMiller precisava crescer e entrar em mercados de notícias.

↳ *BATNA:*

Não há BATNA para ambos porque as outras soluções são inúteis: a SABMiller está perdendo velocidade de crescimento, então ela precisa se fundir com outro ator, mas é muito fraca e não pode propor um bom negócio a outros concorrentes (grupos Heineken & Carlsberg), então a única solução para a SABMiller é se fundir com a AB InBev.

---

[1] (artigo da Enderi. 15/10/2015. Disponível em: https://www.enderi.fr/Une-fusion-historique-pour-AB-InBev-et-SAB-Miller_a273.html). Mostra também que a SABMiller tentou evitar esta aquisição e eles sabem que não têm o poder de tempo entre eles e a AB InBev.

Para a AB InBev, o desenvolvimento internacional é a chave da estratégia de longo prazo da empresa e a única solução para isso é a SABMiller porque elas estão em mercados diferentes, o que significa que não terão concorrência dentro do grupo futuro e serão um complemento para ambos. Heinekein e Carlsberg estão no mesmo mercado que a AB InBev, portanto, a única solução é adquirir a SABMiller.

A única solução para ambos? Negociar.

"Para fazer as pazes com um inimigo é preciso trabalhar com esse inimigo, e esse inimigo se torna o seu parceiro" (Nelson Mandela, *Longa Caminhada para a Liberdade*).

5. Comunicação e relacionamento (Cognição)

A comunicação entre as duas empresas era, às vezes, suave e, às vezes, mais tensa. Para entrar em detalhes, houve momentos de mal-entendidos sobre algumas divergências de percepção e de interesse.

O uso da mídia foi uma ferramenta importante no plano de comunicação de ambas as partes, e especialmente da Ab InBev. De fato, foi dito que a AB InBev foi capaz de jogar sobre a importância da mídia, por exemplo, através de artigos que mostraram a falta de credibilidade da SABMiller e no mesmo artigo foram feitas algumas observações a favor da AB InBev. Esta poderia ter sido uma forma de convencer a SABMiller a aceitar a oferta, colocando a AB InBev em uma posição de domínio.

A AB InBev finalmente conseguiu entrar em diálogo com os principais acionistas da SABMiller. Ao fazer isso, a AB InBev foi capaz de compreender as preocupações dessas partes com relação à aquisição negociada. Mesmo que Carlos Brito e Jan du Plessis não se conhecessem primeiro, como líderes das duas maiores empresas do setor cervejeiro, eles tinham fortes conexões e as mesmas ambições e valores (sustentabilidade e desenvolvimento global, inovações, paixão por promover a diversidade das cervejas artesanais, locais...), o que lhes permitiu encontrar um terreno comum para a negociação. A AB InBev finalmente conseguiu entrar em diálogo com os principais acionistas da SABMiller. Ao fazer isso, a AB InBev foi capaz de entender as preocupações dessas partes em relação à aquisição negociada.

"O melhor para o grupo vem quando todos fazem o que é melhor para si e para o grupo" (John Nash).

6. Concessões

"Se você consentir com alguma concessão, nunca poderá cancelá-la e colocar as coisas do jeito que estão" (Howard Hughes).

A AB InBev teve que fazer concessões com a SABMiller antes que a fusão pudesse ser feita. A empresa SABMiller veio para estabelecer várias condições.

Como primeiro passo, a SABMiller pediu à AB InBev para ajustar esses preços, uma vez que a AB InBev inicialmente queria comprar de volta as ações da SABMiller por cerca de US$38 por ação. A AB InBev teve que aumentar o preço de reaquisição das ações para US$44 por ação. A partir de então, a SABMiller passou a estar mais aberta à negociação.

Como parte de seu negócio, a empresa SABMiller quer deixar privilégios aos acionistas. Como parte de sua transação, a empresa busca um tratamento isento de impostos para os acionistas que recebem o capital. Essa solicitação foi aceita, e Altria e Bevco, os dois maiores acionistas da SABMiller, receberão uma ação especial, bloqueada e não negociável por cinco anos, o que lhes permitirá evitar a tributação.

Além das concessões feitas pela AB InBev a SABMiller, a empresa foi considerada responsável perante a Security and Exchange Commission, bem como perante o Departamento de Justiça dos Estados Unidos. De fato, a Security and Exchange Commission é um órgão que alivia as empresas e não permite que uma fusão ocorra tão facilmente. Foram feitas acusações contra a AB InBev em particular, e a Comissão lhes pediu que pagassem a quantia de 6 milhões de dólares para resolver essas acusações de corrupção na Índia. A empresa, mais uma vez, concordou, ainda com o objetivo de se fundir com a SABMiller.

A AB InBev também deveria ter solicitado permissão do Departamento de Justiça dos Estados Unidos. Esse é o procedimento para negociar e comprar uma nova empresa nos Estados Unidos, é uma condição *sine qua non*.

Em troca, a AB InBev pediu à SABMiller que também fizesse concessões, incluindo a venda da SABMiller na MillerCoors da Molson Coors por US$12 bilhões. Também na China, eles estão vendendo a participação de 49% da SABMiller na CR Snow por US$1,6 bilhão.

Quanto ao controle da Comissão Europeia, em nível europeu, a SABMiller vendeu quase todas essas ações na Europa. Eles venderam notadamente aos grupos Asahi, Perorni e Grolsch por 3 milhões de dólares. Eles venderam uma carteira baseada na Europa com marcas como Lech, Pilsner Urquell, Kozel por cerca de 8 bilhões de dólares.

AB InBev teve que fazer algumas concessões, algumas ações disciplinares a fim de satisfazer todas as partes interessadas. De fato, duas das maiores empresas do mercado cervejeiro não podem fundir-se assim, elas têm que respeitar as regras para um mercado competitivo. Elas concordaram em fazer toda essa concessão porque sabem o porquê, conhecem o verdadeiro negócio nessa negociação e uma oportunidade que podem perder.

7. Conclusão

As empresas ouviram e seguiram essas regras, aceitaram as concessões e estão plenamente conscientes dos benefícios que obterão com essa negociação. As duas empresas tiveram que chegar a um acordo e fazer concessões ao seu lado. Como vimos, medidas disciplinares podem ser colocadas em prática para que todos encontrem sua conta e para que todas as partes fiquem satisfeitas.

6.4 Case: Airbus x Bombadier

UMA NEGOCIAÇÃO HISTÓRICA
AIRBUS X BOMBADIER

Introdução

Este é um típico case no qual faz-se necessário um estudo profundo do elemento de negociação contexto. Nessa negociação, havia o interesse de empresas e de governos, portanto, o contexto é representado pelos ambientes externo e interno onde se desenvolve o processo de negociação, que podem ser mapeados por meio da identificação do clima organizacional e das emoções que envolvem a todos no ambiente. Assim, o negociador deve ter uma visão holística do processo que lhe permita identificar as posições, os status e os perfis das partes, que servirão de subsídio para a definição da estratégia a ser adotada. Podemos exemplificar os que seriam esses ambientes:

> **Ambiente externo:** cenários político, econômico, social, ambiental, cultural, religioso, comercial, dentre outros (visão macro).

> **Ambiente interno:** condições do seu entorno próximo, relacionamento, estresse, ambiente organizacional etc. (visão micro).

Dessa forma, os negociadores estarão com a "fotografia" de todo o ambiente disponível que servirá de base para as reflexões e para facilitar a identificação das opções.

1. Contexto

A Bombardier é uma empresa multinacional canadense que atuava na fabricação de aeronaves. A Airbus é uma cooperação industrial internacional presente no setor aeronáutico civil e militar e no setor espacial. Em 2015, a Airbus e a Bombardier começaram a discutir sobre uma futura parceria. Em 2017, a Airbus comprou recursos financeiros da Bombardier.

1.1 A negociação

As primeiras negociações aconteceram em 2015. Naquele ano, a Airbus anunciou que havia recebido uma proposta da Bombardier para formar uma aliança. A Bombardier teria proposto a Airbus um interesse de controle no Programa Avions Série C em troca de sua ajuda para terminar o desenvolvimento de seus aviões. Na verdade, ambas as empresas explicaram que tiveram uma discussão, mas a interromperam quando se tornou pública. Além disso, rumores diziam que a negociação parou porque os aviões ainda não estavam certificados.

Mas, em 16 de outubro de 2017, ambas anunciaram que seriam parceiras do Programa Aeroespacial Série C graças a um acordo. A Airbus dará sua experiência em compras, vendas, marketing e suporte ao cliente à parceria C Series Aircraft Limited, enquanto a Bombardier fabricará e comercializará aviões.

O acordo de investimento exige que a Airbus adquira uma participação de 50,01% na Avions Série C por 1 euro simbólico. Em 2020, a Airbus concluiu a aquisição da participação da Bombardier no programa A220. Devido à sua alta dívida e falta de liquidez, a Bombardier decidiu vender sua participação remanescente de 33,5% no programa A220, que ela mesma havia lançado em 2004 sob o nome de CSerie. Esse foi o fim da presença da Bombardier no setor de aviação comercial.

1.2 Quais são as melhores opções para ambas as partes?

1. Qual é a melhor alternativa para um acordo negociado, ou BATNA?

    O principal objetivo da Bombardier é pagar sua dívida, para isso ela precisa encontrar uma maneira de gerar dinheiro vendendo a totalidade ou parte de suas atividades. Naquela época, havia três divisões de atividades na empresa: jatos comerciais, aviões comerciais e transporte ferroviário.

A melhor BATNA para um negócio que diz respeito à sua divisão de aviões comerciais, que é composta apenas pelo programa CSeries, seria a venda de uma ou de toda a divisão para poder pagar a totalidade ou uma parte da dívida.

A negociação já começou antes do fechamento desse negócio: com a Alstom — uma empresa francesa especializada em transporte ferroviário para as atividades de transporte ferroviário — e com a Textron, um conglomerado norte-americano para sua divisão de jatos comerciais.

Como a Boeing não é uma alternativa, a Airbus é o único comprador que a Bombardier poderia encontrar.

As alternativas da Bombardier não podem ser consideradas porque o programa da série C exige muito financiamento e levaria muito tempo para ser rentável, provavelmente levaria a empresa à falência. (Ter a BATNA, mas não o suficiente para aceitar um não negócio.)

O objetivo da Airbus é competir na segmentação do mercado de pequenos aviões comerciais.

Nessa segmentação de mercado, há três outras empresas que produzem aviões: COMAC, Embraer e Sukhoï. Não é possível que a Airbus assuma um papel importante na COMAC, pois o principal acionista da empresa é o governo chinês. É o mesmo para Sukhoï, que é propriedade do governo russo, e a Embraer está em negociação com a Boeing, o principal concorrente da Airbus. Portanto, não há alternativa de investir em outra empresa além da Bombardier para competir nessa segmentação de mercado.

Poderíamos considerar uma solução interna como a BATNA da Airbus, de fato a empresa tem os recursos financeiros e a capacidade técnica para melhorar seu A318 a fim de competir na segmentação de mercado. Mas levaria tempo e dinheiro e talvez atrasasse a Airbus para competir nesse mercado preciso.

Portanto, para resumir, podemos dizer que ambas as BATNAs deles são menores do que o interesse do negócio, mas para a Bombardier é mais crítico, pois é uma necessidade de evitar a falência. Nesse acordo, a repartição do poder é assimétrica.

2. Qual é o ponto de aspiração na negociação — o objetivo ambicioso, mas não ultrajante, que a Airbus e a Bombardier gostariam de alcançar?

O ponto de aspiração da negociação para a Airbus e a Bombardier não foi ultrajante, pois foi uma espécie de grande arranjo entre elas. Para a Airbus, era obter o maior número possível de ações e a Bombardier queria vender sua própria produção ao melhor preço. Como dissemos anteriormente, eles chegaram a uma situação vantajosa para ambas as partes.

3. Existe uma zona de possível acordo (ZOPA) entre o ponto de reserva da Airbus e o da Bombardier?

Podemos ver aqui uma clara Zona de Possível Acordo. De fato, temos de um lado a Bombardier que estava realmente em uma situação ruim, em relação ao que o ex-presidente norte-americano Trump decidiu com a tributação de produtos não americanos. Como a Bombardier vem do Canadá, parece que ela se viu tributada em 79,82% (quase 80%!) mesmo se fossem países vizinhos com todos os hábitos comerciais preexistentes.

Então, do outro lado, a Airbus tinha uma grande Zona de Possível Acordo, pois ela só tinha que fazer uma oferta que a Bombardier não podia recusar. Para ela, era claramente um presente quando costumavam comprar partes de mercado. Uma grande vantagem era que eles só precisavam comprar isso e obter uma nova tecnologia e um avião para sua própria empresa, sem nenhuma despesa de P&D.

4. Quem são os concorrentes para esse negócio?

Como concorrente para esse negócio, podemos imaginar que a Boeing, a concorrente direta da Airbus no mercado, poderia ter sido vista pela Bombardier como um parceiro opcional, mesmo que a probabilidade fosse pequena desde que a Boeing processou a Bombardier em relação à CSeries por dumping e financiamento ilegal. Mas as fronteiras com a Airbus são mais fortes, em primeiro lugar ela tem um acesso mais fácil a um preço melhor para algumas partes dos aviões da CSeries e, portanto, podem reduzir os custos.

Além disso, a Bombardier é uma empresa do Québec, por isso está próxima da cultura francesa e, portanto, fará negócios mais facilmente com empresas francesas (ex.: Alstom). De acordo com isso, a Airbus seria um parceiro melhor para um negócio, pois ela é mais capaz de obter lucros com o programa CSeries e está culturalmente mais próxima da Bombardier. A Boeing também já estava envolvida em negociações para comprar a Embraer, que é a principal concorrente da Bombardier. Um negócio que não ocorreu devido à falta de liquidez por parte da Boeing.

1.3 Quais são os padrões de influência e as tensões potenciais?

1. Qual é a história da relação entre as partes? Como seu relacionamento passado pode afetar as conversações atuais?

   A Bombardier era e ainda é uma concorrente da Airbus. Era uma concorrente na aeronave de baixo alcance. O A318 e o A319 estão em concorrência com o CRJ700 e o CRJ1000 da Bombardier desde os anos 1990. Um fabricante de aviões a hélice próprio da Airbus e denominado ATR também tem seus dois aviões (o ATR 42 e ATR 72) em concorrência com os Dash 8 e Q da Bombardier desde os anos 1980. Olhando para o marcador de avião privado, todos os ACJ da Airbus ainda estão em concorrência com os Learjets. A Airbus e a Bombardier também têm os mesmos fornecedores em relação aos motores (Safran, Pratt e Whitney e GE) e em outras peças. O relacionamento passado pode afetar as conversações atuais sobre o fato de que as empresas tinham os mesmos clientes. Mas deve permanecer marginal em relação ao fato de que a Bombardier não é um grande concorrente e afeta apenas alguns aviões. Além disso, a Airbus não tem aviões (exceto o antigo A318, que viu sua produção ser interrompida em 2013) em concorrência com a Série C.

2. Existem diferenças culturais para as quais eles devem se preparar?

Mesmo que as empresas não sejam do mesmo país, os gerentes são completamente internacionais e ambas estão trabalhando em um ambiente internacional. Além disso, a França e o Canadá são dois países relativamente próximos em termos de comportamento.

3. Qual é a hierarquia dentro da equipe do outro lado? Quais são os padrões de influência e as tensões potenciais? Como essas dinâmicas internas podem afetar as conversações?

Olhando para a situação econômica da Bombardier, a parte financeira e a parte política da empresa estão no topo. A Airbus deve dar uma atenção extra a elas. A influência é o conhecimento do setor que a Airbus obteve como líder no mercado durante anos. As tensões estão mais dentro de uma escala política. Essas dinâmicas são cruciais para a venda, pois podem sempre empecê-las.

4. Que potenciais armadilhas éticas eles devem ter em mente durante a negociação?

Eles devem ter em mente que marcar uma presença na América do Norte será produzir diretamente no jardim de infância da Boeing. Não há muitas questões éticas sobre esse acordo, pois ele vai "salvar" a empresa. A Airbus não deve ser arrogante e a Bombardier não deve parecer desesperada e mostrar o quanto eles confiam em seu projeto. A salvação dos empregos é crucial para esta empresa e a Airbus não deve tentar mudar a fábrica e deslocar as fábricas para a Europa.

5. Que referências, critérios e precedentes objetivos apoiarão a posição preferida?

O status da Airbus como líder no mercado nos últimos dez anos sustentará sua posição. O conhecimento do mercado no qual a Série C do Futuro Airbus 220 atua é seu diferencial.

A posição da Bombardier é sustentada por suas inovações no mercado de aeronaves de baixa faixa. Mercado no qual ela tem sido um concorrente sério, sendo capaz de vender aviões a um custo relativamente baixo.

6. Que responsabilidades específicas Bombardier e Airbus devem ter?

   Na equipe de negociação, ambas as empresas devem convidar sua diretoria. A presença do CEO como porta-voz é importante para mostrar como esse negócio é importante para ambos, e mostra como a situação está sob controle. O chefe do departamento financeiro também é importante e deve apresentar todas as garantias financeiras que estão envolvidas. O RH também, para discutir sobre os empregos das pessoas que trabalham na Série C. O chefe de vendas da Airbus também pode ser uma pessoa a ser trazida, ele fornecerá o resultado potencial do futuro A220 e trará alguma serenidade para as negociações. Do lado da Bombardier, o sindicato pode ser tão importante quanto trazer para a negociação a fim de falar sobre os empregos.

7. Eles precisavam envolver terceiros (agentes, advogados, mediadores, intérpretes)?

   Considerando o tamanho do acordo, é importante ter advogados envolvidos em todos os aspectos do contrato.

   Eles deveriam ter mediadores e talvez alguns auditores também, pois as partes precisam ter todas as informações para assinar essa aquisição. Eles também deveriam ter as garantias do governo francês e do canadense (ou do Québec) em relação à situação geopolítica, que significa poder criar aviões europeus na América.

8. Que autoridade eles têm para assumir compromissos firmes?

    A Airbus está em uma posição forte como principal comprador, além de ter autoridade e margem de negociação. É a empresa que propõe o melhor plano de recuperação e a que mais serve o Québec, mantendo o número máximo de empregos na região. A autoridade é importante, mas não deve ser mostrada exceto como último recurso, caso contrário, a Airbus será vista como arrogante.

9. Que partes ainda não envolvidas na negociação também poderiam valorizar um acordo?

    Há outras partes que ainda podem estar envolvidas na negociação e que também podem apreciar um acordo. Em primeiro lugar, os governos. Sabemos que o governo do Québec já está nas negociações. Portanto, a questão é se o governo francês vai querer intervir. Sendo a Airbus uma das maiores empresas da França, esse acordo terá, inevitavelmente, repercussões para o país. Então, temos os outros departamentos da empresa Airbus. De fato, toda esta P&D pode promover a criação de novos produtos para helicópteros Airbus, defesa e espaço.

10. A Airbus tem praticado a comunicação de minha mensagem ao outro lado? Como é provável que a Bombardier responda?

    A comunicação com a indústria e a mídia já está bem estabelecida. Você precisa de uma mensagem clara; você não precisa vir como o salvador e parecer arrogante. Você deve ir em direção à cooperação para mostrar que pode acontecer que uma empresa não funcione, mas que eles estão lá para consertar as coisas. Se o comunicado à imprensa for bem formulado, a empresa não corre o risco de se tornar vítima dos compradores. Mas eles se sentirão mais importantes e integrados em um projeto de recuperação completo e bem organizado.

11. É provável que um acordo crie valor líquido para a sociedade?

É claro que o acordo dá acesso a toda a P&D da Bombardier, o que é uma grande vantagem para a Airbus. Há também o fato de que as compras serão feitas em dólares canadenses, portanto, serão menos tributadas pelos norte-americanos tanto pela taxa de câmbio quanto pelas matérias-primas. Isso também permite que a Airbus se estabeleça na América do Norte, uma possibilidade de se fazer conhecer e competir com seu inimigo e principal concorrente, o Boeing norte-americano. A Airbus tentará criar valor, mas esse plano de recuperação pode não funcionar; a Airbus está assumindo um risco nesta aquisição.

2. Interesse

Em 2015, a Bombardier ofereceu a Airbus uma participação majoritária na CSeries a fim de limpar seu balanço patrimonial. De fato, o programa da CSeries chegou muito tarde e eles superaram o orçamento. Eles esperam poder vender seus aviões sem ir à falência e garantir a sobrevivência da empresa a longo prazo. Com essa negociação, a Bombardier será capaz de cumprir todos os impostos sobre vendas futuras.

Na proposta, a Bombardier se ofereceu para assumir o desenvolvimento de seus jatos comerciais da Airbus em troca de uma participação de controle no programa.

Em 2017, Tom Enders, presidente executivo da Airbus, declarou que as "estrelas se alinharam" desde que a CSeries foi autorizada a voar. Portanto, eles reiniciam as negociações. Mas algumas pessoas também pensam que este acordo lhes permite competir com a Boeing desde que a empresa apresentou uma reclamação, acusando a Bombardier de receber ajuda estatal para a fabricação da CSeries.

No entanto, Navdeep Bains, ministra canadense, declarou: "À primeira vista, a nova parceria proposta pela Bombardier com a Airbus para esta aeronave ajudaria a colocar a CSeries no caminho do sucesso, pois ela reúne excelência em inovação com maior acesso ao mercado e poder de venda sem precedentes."

Em 2020, a Airbus comprou a parte da Bombardier no programa A220. A Bombardier aceitou o negócio por causa de seu alto endividamento e falta de liquidez. Mas a Airbus não planejava assumir a responsabilidade exclusiva pela aceleração do programa antes de 2024. Embora o programa não seja lucrativo por vários anos e a Airbus deva assumir sozinha as consequências financeiras, a carteira de pedidos do A220 já triplicou.

3. Poder

Durante toda a negociação, ambos os lados tiveram vantagens. Na verdade, a Bombardier pode competir com a concorrente Airbus, que é a Boeing. Mas, em 2017, a Airbus tinha recursos financeiros para ajudar a Bombardier nesta crise e podia comprar de volta um adicional de 30% do capital. Portanto, se a Bombardier recusar, ela pode entrar em falência. Além disso, a Airbus quer criar uma linha de montagem no Alabama, que poderia permitir que a Bombardier fosse mais produtiva e evitar obstáculos fiscais.

Em 2020, por causa de sua dívida e sua parceria, a Bombardier força a Airbus a assumir sozinha todas as perdas e investimentos adicionais até que o programa se equilibre, o que não é esperado antes de meados da próxima década.

Mas nessa negociação há alguma falta. Em 2017, a Bombardier não tinha muito espaço de manobra nas negociações. Ela está endividada e não tem liquidez. A Bombardier precisa da Airbus para colocar a CSeries no caminho do sucesso. A empresa também foi acusada pela Boeing de receber ajuda estatal para a fabricação da CSeries, e Washington impôs tarifas pesadas sobre a importação dessas aeronaves de corredor único para os Estados Unidos.

Mesmo em 2020, a Bombardier ainda está em dívida. Mas agora que a Airbus uniu forças com ela, não tem outra escolha senão comprar de volta o resto de suas ações para sair do vermelho e esperar voltar a uma situação financeira equilibrada dentro de alguns anos.

4. Conclusão

O Airbus A220 é agora um verdadeiro sucesso, com 643 aeronaves encomendadas por 10 companhias aéreas ao redor do mundo, incluindo a Air France, que recebeu o primeiro de 60 A220 encomendados pela companhia aérea nacional. Esse sucesso poderia ter se transformado em um fiasco industrial sem a intervenção do grupo Airbus.

Até 2030, 17 objetivos foram fixados para preservar o meio ambiente e lidar com questões de desenvolvimento como biodiversidade, energia, prosperidade econômica, educação etc.

Os 17 *sustainable development goals* (SDGs) para transformar nosso mundo:

Objetivo 1. Acabar com a pobreza.

Objetivo 2. Acabar com a fome.

Objetivo 3. Assegurar uma vida saudável e promover o bem-estar para todos.

Objetivo 4. Assegurar a educação inclusiva e equitativa e de qualidade.

Objetivo 5. Alcançar a igualdade de gênero.

Objetivo 6. Assegurar a disponibilidade e gestão sustentável da água e saneamento.

Objetivo 7. Assegurar acesso à energia a preço acessível.

Objetivo 8. Promover o crescimento econômico sustentável e emprego decente.

Objetivo 9. Construir infraestruturas, promover a industrialização sustentável e fomentar a inovação.

Objetivo 10. Reduzir a desigualdade.

Objetivo 11. Tornar as cidades e os assentamentos humanos sustentáveis.

Objetivo 12. Assegurar padrões de produção e de consumo sustentáveis.

Objetivo 13. Tomar medidas para combater a mudança do clima.

Objetivo 14. Conservação e uso sustentável dos oceanos, dos mares e dos recursos marinhos.

Objetivo 15. Proteger, recuperar e promover o uso sustentável dos ecossistemas terrestres.

Objetivo 16. Promover sociedades pacíficas e instituições fortes.

Objetivo 17. Fortalecer os meios de implementação e revitalizar a parceria global para atingir os SDGs.

Em nossa opinião, a negociação entre a Airbus e a Bombardier participa plenamente desta "Agenda 2030", especialmente em relação ao objetivo 8, que promove o crescimento econômico sustentado e o pleno emprego. Vimos que um dos objetivos das empresas era manter os funcionários no Canadá e, mais do que isso, o último acordo em 2020 foi feito para salvar a empresa e lutar para colocar a CSeries no caminho do sucesso. Finalmente, esse acordo permite vender aviões mais sustentáveis e menos poluentes. Graças a seus motores (Pratt & Whitney GTF) e aerodinâmicos, polui 30% menos que os aviões atuais utilizados nesse mercado, como o objetivo 13.

6.5 Case: Operação Microsoft x LinkedIn

Introdução

Este é um caso em que serão discutidos os dez elementos-chave da negociação entre a Microsoft e o LinkedIn. A negociação é um processo ético e elegante de decisão racional e colaborativa com o objetivo de benefícios mútuos. Um dos objetivos desse relatório é avaliar se a negociação entre as duas empresas corresponde a essa definição. Ou seja, o foco desta análise é avaliar o valor criado para ambas as empresas, que foi o mote desse caso tão divulgado pela mídia.

Começaremos pelo contexto e pelos interesses, que nos ajudarão a entender as duas empresas que participam da negociação, bem como seus incentivos para se envolver em tais negociações.

Continuaremos com opções e poder, que explicarão quais são as opções disponíveis e em que eixo de poder a negociação poderia girar em torno.

Em seguida, discutiremos a comunicação e o relacionamento para destacar a comunicação em torno da negociação e a história entre as duas empresas.

Em seguida, as concessões feitas durante as negociações e se elas foram respeitadas após o acordo.

E, finalmente, analisaremos as normas e o tempo para nos ajudar a compreender os fundamentos comuns entre as empresas e o cronograma da negociação.

1. Contexto

Iniciaremos nosso estudo explicando o contexto dessa negociação.

A Microsoft foi fundada em 1975 por Bill Gates e Paul Allen e está sediada em Redmond. Se hoje a Microsoft possui diferentes empresas, como Xbox, Skype, Nokia, Mojang AB, Github, ZeniMax Media, Nuance Communication, LinkedIn, ou a Quantive, em 2016 ela não possuía nenhuma rede social. A Microsoft não foi a única a querer comprar o LinkedIn, as forças de vendas com a ajuda da Goldman Sachs tentaram comprar o LinkedIn, mas a oferta da Microsoft foi mais interessante. Duas outras empresas também estavam presentes, mas permaneceram anônimas.

Em 2002, o LinkedIn foi fundado por cinco homens: Allen Blue, Konstantin Guericke, Eric Ly, Jean-Luc Vaillant e Reid Hoffman. Enquanto o LinkedIn vinha crescendo bem desde seu início, com uma valorização de 20 bilhões de dólares em 2015, em 2016 sua participação de mercado caiu 43% depois que a empresa deu uma previsão um pouco conservadora para o próximo trimestre. Alguns meses após este anúncio, a Microsoft a comprou por 23,3 bilhões de euros ou US$26,2 bilhões ou US$96 por ação. Essa é a maior aquisição já feita pela Microsoft e essa emissão de títulos é a quinta maior já lançada no mercado de crédito dos EUA.

2. Interesse

Antes de mais nada, é importante saber que essas duas empresas têm como alvo os profissionais. De fato, a Microsoft fornece softwares e soluções de armazenamento de dados para várias empresas enquanto o LinkedIn é responsável por conectar pessoas que procuram trabalho com recrutadores, mas também por ser uma plataforma para publicação de artigos.

Além de se abrir para o mundo das redes sociais, a Microsoft, graças a isso, adquiriu uma grande base de dados, já que o LinkedIn tem 433 milhões de membros que conhecem seu local de trabalho, seu e-mail, suas experiências passadas, seu chefe, seus funcionários, seus estudos etc. Assim, o banco de dados da Microsoft cresceu de 200 bilhões para 315 bilhões de dólares, o que representa o mesmo número de novos clientes potenciais para seus serviços como o Office 365 ou Azure.

Além disso, 60% do LinkedIn é usado em telefones celulares, o que é de interesse para a Microsoft, que, após sua falta de sucesso com a Nokia, quer voltar e impor-se no mundo móvel, criando software que pode ser usado em telefones.

Já vimos quais eram os interesses da Microsoft, vamos agora analisar os interesses do LinkedIn.

A Microsoft quer que o LinkedIn mantenha sua independência, sua linha de conduta e seu CEO, Jeff Weiner. Mas a empresa quer desenvolver o LinkedIn por meio de algumas mudanças, como um perfil profissional unificado e uma alimentação inteligente de notícias para aumentar o tempo de conexão dos usuários. Assim, o LinkedIn teria a oportunidade de acelerar seu desenvolvimento, e essa compra poderia fazer do LinkedIn o líder em serviços e produtos para redes comerciais. Os concorrentes do LinkedIn, como o Facebook at Work, estão tentando superá-lo, mas, graças à Microsoft, o LinkedIn tem mais recursos.

3. Opções

As opções são as propostas que você coloca em cima da mesa. É a maneira de como você quer fazer o negócio, as soluções que você pode dar quando as divergências aparecerem. Para a Microsoft, ela tentou várias vezes comprar o LinkedIn, mas tudo falhou. A Microsoft inicialmente ofereceu 500 milhões de dólares e, embora tenha chegado perto de um acordo, ele acabou fracassando. Nos meses que antecederam o IPO do LinkedIn, a Microsoft fez outra oferta de quase US$2 bilhões, mas Hank Vigil, vice-presidente de estratégia e parcerias da Microsoft na época, decidiu que era muito alta e se afastou. Agora a Microsoft teria que pagar dez vezes para comprar LinkedIn. Seria, sem dúvida, uma enorme perda.

Com base nas sinergias pós-aquisição, a Microsoft pagará mais para que o LinkedIn sinta que é um negócio justo. Portanto, concordou em manter a independência do LinkedIn e deixar Jeff Weiner continuar como CEO da LinkedIn, juntar-se à equipe executiva da Microsoft e reportar-se diretamente ao CEO da Microsoft. Além disso, a Microsoft também integrará a identidade do LinkedIn e os sistemas de rede no sistema Microsoft Outlook e Office, e manterá a independência dos sistemas de serviços para o LinkedIn. Por outro lado, a Microsoft ajudará os usuários do LinkedIn a redigir currículos no Word e a carregar seus perfis. As duas empresas também se basearão no MSN e outros produtos para desenvolver uma "plataforma de notícias corporativas" e expandir o Conteúdo Patrocinado, o que poderia levar os anunciantes do MSN a comprar espaço publicitário no LinkedIn, que se orgulha de ter mais de 100 milhões de visitantes por mês. Mas o LinkedIn terá que fundir sua divisão Sales Navigator no Dynamics 365 da Microsoft, que são ambos CRM (Customer Relationship Management).

4. Poder

A fonte de energia pode ser múltipla. Eles podem determinar o direito de falar na negociação. Como todos nós sabemos, a Microsoft tem uma posição inabalável na indústria de TI. Assim como tem uma enorme base com 1,2 bilhão de usuários de escritório, 70 milhões estão ativos mensalmente. Portanto, um pequeno movimento pode trazer uma enorme influência para o LinkedIn, como ajudar a melhorar sua capacidade de caixa por meio de anúncios.

Para o LinkedIn, ele também tem mais de 400 milhões de usuários e 100 milhões de usuários ativos mensalmente. É uma alta taxa em que um quarto de seus usuários são ativos mensalmente. Como uma plataforma social de trabalho profissional, o valor de sua informação de usuário é extremamente alto, como residência, idade, empresa, posição, escola, major e GPA. Eles são mais valiosos para os clientes do que apenas informações sociais, como selos ou alimentos.

A Microsoft sempre teve uma vaga na área de redes sociais. Ela tentou lançar dois produtos sociais, mas infelizmente nenhum deles conseguiu alcançar uma ampla gama de uso. Um é Wallop, que é um site de redes sociais para o qual os usuários deveriam ser convidados, mas ele não teve um bom desempenho, logo se separou da Microsoft e entrou em falência dois anos depois. E outro é o Socl., que funciona mais como um mecanismo de busca, que você só pode compartilhar o que é encontrado no Bing. Os usuários não podem carregar suas próprias fotos ou mensagens. Portanto, podemos ver que a Microsoft foi mal ao procurar seus usuários-alvo.

Quando eles veem o LinkedIn e seu nível extremamente alto de correspondência entre usuários, fica claro que a melhor alternativa é comprá-lo em vez de criar um em si.

Mas o LinkedIn teve flutuações no preço das ações no primeiro trimestre de 2016 e seus ganhos não corresponderam às expectativas, o que fez com que suas ações caíssem quase 41% naquela época. Em seu mínimo, cada ação estava sendo negociada a $98. E, antes de novembro, as ações do LinkedIn continuaram a cair por três meses de $196 para $188. Isso definitivamente reduziu seu poder de negociação.

Para a Microsoft, ela tem um fluxo de capital abundante que lhe permite dar a oferta sem hesitar. Os 20 bilhões são apenas um ano de seu fluxo de caixa operacional. Portanto, ela terá mais poder quando falar sobre dinheiro. Ao final, esse negócio fechado a $196 por ação parece um bom resultado para ambos os lados.

5. Relacionamento

Este elemento trata de como as partes se relacionam. Qualquer negociação, tendo ou não alcançado um acordo, busca manter o relacionamento em boas condições, "não se deve fechar uma porta". Um bom relacionamento é uma das chaves para o sucesso da negociação. Não é preciso que as partes gostem umas das outras, nem que tenham os mesmos interesses; deve prevalecer o respeito e a integridade. Em uma negociação, as partes conversam muito entre si, sobre diversos assuntos que as ajudam a se conhecer melhor. Pesquisas indicam que cerca de 95% do tempo da negociação (quando criam-se laços, credibilidade, confiança) são despendidos com essa conversa e a negociação propriamente dita só ocorre ao longo dos 5% do tempo restante (em geral ao final da negociação). Trata-se de um investimento realizado no tempo e que traz ótimos resultados. Fazer acordos não significa fazer amigos, mas há que se preocupar com a manutenção do relacionamento. Nessa operação, particularmente falando, o bom entendimento entre os negociadores cria um ambiente de integração entre as duas culturas empresariais de forma mais fácil.

Logo após a compra, as duas empresas cantaram os elogios uma da outra. Na verdade, quando os repórteres perguntaram à Microsoft por que eles colocaram essa enorme soma de dinheiro para comprar o LinkedIn, Satya Nadella (CEO da Microsoft) respondeu dizendo que o LinkedIn é um negócio fantástico que os ajudará a alcançar novas metas no futuro.

O CEO do LinkedIn parece ser um fã de Nadella e de sua maneira de liderar a Microsoft: "Veja as mudanças que ele operou dentro da empresa e a maneira como ela se tornou mais aberta, ágil, inovadora e orientada para um objetivo preciso. Transformar uma empresa como a Microsoft é incrível." Como você pode ver, ambas as empresas estão felizes por a Microsoft ter comprado o LinkedIn; podemos dizer que elas têm uma relação complementar. Ambas fazem elogios uma a outra. Seu relacionamento, de acordo com elas, vai melhorar o mundo do trabalho tornando os profissionais mais produtivos e bem-sucedidos.

6. Concessões

A Microsoft fez muitas concessões quando comprou o LinkedIn. Em junho de 2016, a aquisição foi bem-sucedida. No início, existiam cinco empresas, incluindo Google e Facebook bid, mas a batalha final foi entre a Microsoft e a Salesforce. O preço original da Microsoft é $160 por ação, mas a Salesforce disse que sua oferta chegou a cerca de $200 por ação. Os fundadores do LinkedIn, Allen Blue, Konstantin Guericke, Eric Ly, Jean-Luc Vaillant e Reid Hoffman, usaram a oferta da Salesforce como alavancagem para negociar com a Microsoft, que eventualmente forneceu $196 por ação e prometeu uma oferta totalmente em dinheiro, que foi bem-sucedida.

7. Conformidade Legal

O elemento **conformidade** refere-se à legitimidade dos contratos necessária à viabilização de um acordo, observando-se as leis e a estabilidade dos órgãos reguladores, responsáveis por legislar sobre o assunto, e estabelecer regras e um foro de discussão. A análise da conformidade compreende, para além dos contratos, todo o ambiente no qual a negociação deve ser realizada, a fim de que a implementação e a sustentação dos acordos possam ser asseguradas.

Na verdade, não conseguimos encontrar a questão legal, a lei norte-americana permitiu o aquisitivo; essa aquisição é apenas uma questão de seguir as regras do mercado.

A Microsoft é uma grande empresa multinacional nas novas tecnologias, e especialmente na criação de software e hardware de computador. De fato, é uma das maiores capitalizações de mercado dos Estados Unidos. Por muitos anos, a empresa se abriu a outros campos, como a aquisição da empresa Skype, o que lhe permitiu abrir-se ao mercado de comunicação em mídia digital, e desenvolver o mecanismo de busca Bing e o sistema de mensagens Outlook, por exemplo. Além disso, a gama de equipamentos digitais da empresa foi ampliada, com o aparecimento, além dos laptops, de outras mídias, como os tablets. Tudo isso faz dela um player muito importante nos mercados, dando-lhe imagem, experiência, know-how e capacidade financeira para comprar outras empresas nas áreas de novas tecnologias ou digital.

Com relação à compra do LinkedIn pela Microsoft, trata-se da necessidade de a Microsoft ampliar sua oferta e obter um meio de adquirir dados dos usuários, uma verdadeira mina de ouro para as empresas. Como visto anteriormente, a Microsoft era um candidato muito legítimo para a compra e isso facilitou as negociações.

8. Tempo

O **tempo** é um elemento de negociação que pode ser utilizado estrategicamente ao:

- ▶ Retardar ou acelerar o processo.
- ▶ Desvalorizar a outra parte, deixando-a esperando.
- ▶ Afetar as emoções, as expectativas e a conquista dos interesses.

Nesse caso, as negociações duraram quatro meses. Nessa estratégia, o tempo foi utilizado para afetar as emoções, as expectativas e a conquista dos interesses pelo lado positivo. Dado o tamanho das empresas e sua participação no mercado, a negociação ocorreu de forma rápida. De fato, durante uma reunião em 16 de fevereiro de 2016 entre o CEO do LinkedIn, Jeff Weiner, e o CEO da Microsoft, Satya Nadella, com o objetivo de fortalecer os laços entre as duas empresas e buscar formas de colaborar mais estreitamente, a ideia de uma compra do LinkedIn pela Microsoft foi mencionada e seduziu imediatamente os dois patrões.

Assim, Jeff Weiner decidiu lançar os primeiros estudos e estava aberto a discussões com outras empresas no contexto da compra do LinkedIn.

Foi, portanto, durante o segundo mês que os potenciais compradores discutiram os primeiros elementos com o LinkedIn, a fim de concretizar ou não seu interesse. Um dos protagonistas que não estava interessado, de acordo com algumas fontes, seria o Facebook.

O terceiro mês foi o mais intenso em relação às negociações. De fato, o preço de compra foi o elemento mais central da negociação pela maneira como o dinheiro seria levado. Com vários compradores potenciais, foi realizado um verdadeiro leilão, passando as ofertas iniciais de $160 por ação para finalmente $196 por ação ganhos pela Microsoft, oferecendo a totalidade desse valor em dinheiro. Um acordo de exclusividade de 30 dias foi assinado entre as duas partes a fim de preparar o acordo final e acordar todos os outros elementos. O anúncio da compra do LinkedIn pela Microsoft veio, portanto, em 13 de junho de 2016.

Assim, as negociações começaram com a análise da viabilidade e da rentabilidade do projeto. Em seguida, houve uma fase intensa de competição entre os diferentes compradores a fim de oferecer a melhor compra ao LinkedIn, respeitando ainda as obrigações de rentabilidade e de viabilidade. Em seguida, a terceira fase foi a preparação da compra e o acordo sobre as condições.

9. Conclusão

Para concluir, a complexa mistura entre os dez elementos-chave descritos em detalhes neste relatório levou à conclusão desse acordo. De fato, ao entender o contexto, a relação particular entre as duas empresas e as concessões para extrair o melhor negócio, a Microsoft e o LinkedIn mostraram um exemplo adequado de negociação. Quase todos os dez elementos-chave desempenharam um papel nessas duas empresas, de acordo com a definição de estratégias de negociações complexas.

6.6 Case: Operação Facebook x Whatsapp

Este case de M&A entre Facebook x WhatsApp é um típico caso no qual podemos entender como dois gigantes de tecnologia, que aparentemente são concorrentes entre si, conseguiram fazer um acordo para se desenvolverem mais rapidamente. Nesse caso, o WhatsApp provavelmente era ainda estranho no ninho do Facebook CIA, tendo uma cultura diferente e com um DNA distinto. Colocá-lo em linha com o Facebook demandaria mais tempo, pois existiam diversos focos de conflito. Analisaremos esse processo sob a ótica dos dez elementos de negociação, assim como a forma com que foi conduzido e como pode ser gerado valor para ambas as partes.

1. Contexto

O que é o WhatsApp: para começar, é uma rede social, especificamente um software de mensagens para smartphones. Foi criado em 2009 por Jan Koum e Brian Acton, dois ex-empregados da empresa norte-americana Yahoo!

O primeiro objetivo do aplicativo era substituir o SMS por algo mais eficiente e rápido. Eles expandiram as funcionalidades. Era utilizado por mais de 2 bilhões de pessoas em 2021 contra 500 milhões em 2014.

Facebook: por outro lado, a rede social Facebook é uma empresa norte-americana fundada em 2004 por Mark Zuckerberg. É uma das maiores empresas do mundo e faz parte do GAFA, como Google, Apple ou Amazon.

A compra do WhatsApp pelo Facebook foi feita por US$22 bilhões em 2014, uma das aquisições mais significativas do setor.

2. Interesse

Nessa negociação, o interesse de Mark Zuckerberg era crescer e se tornar uma das maiores redes sociais do mundo.

Com 1,5 bilhão de usuários regulares fazendo login uma vez por mês, e mais de 1 bilhão de usuários fazendo login todos os dias, o WhatsApp possui uma das maiores bases de usuários do mundo.

Todos os dias, 4,5 bilhões de fotos e 55 bilhões de mensagens são compartilhadas por meio do WhatsApp.

Nos últimos anos, o Facebook tem experimentado um declínio na popularidade entre os jovens. Além disso, após o fracasso da aquisição do Snapchat, o WhatsApp se apresentou como melhor oportunidade para Mark Zuckerberg se recuperar e continuar a crescer.

Desde a aquisição, o número de usuários e mensagens sobre o WhatsApp aumentou consideravelmente.

3. Opções

O principal objetivo do WhatsApp era manter sua independência e conseguir um assento no conselho de administração para um dos fundadores do aplicativo. Esses foram os principais pontos que levaram o WhatsApp a aceitar um acordo com o Facebook.

O Facebook não poderia rentabilizar o aplicativo que eles tentaram combater, pois tinha uma base de usuários correspondente a: 500 milhões de usuários em 2014. No final, o Facebook entendeu que o crescimento do número de usuários era mais prioritário do que a monetização e estava obrigado a encontrar uma forma de monetizar o aplicativo enquanto fosse livre de anúncios e gratuito para download.

Finalmente, enquanto o Facebook reivindicar a base de usuários do WhatsApp como sua, eles terão que respeitar sua privacidade.

4. Poder

À primeira vista, o WhatsApp parece ser o mais desfavorecido nesse negócio. Ela é uma empresa relativamente nova em comparação com o Facebook, tinha pouca popularidade nos EUA e o aplicativo estava perdendo dinheiro na época (em 2014, eles tiveram uma perda líquida de 234 milhões no primeiro semestre do ano).

O Facebook, à mão, teve seu preço de ações subindo de $68 para $77 e acabou de adquirir o Instagram, o que aumentou o número de usuários móveis.

Na realidade, as duas empresas entenderam que o WhatsApp tinha mais espaço de manobra graças à sua vasta e crescente base de usuários. De fato, o WhatsApp tinha um controle sobre áreas que o Facebook não podia alcançar, e os dados mostravam que o WhatsApp poderia se tornar potencialmente um Facebook-killer no futuro.

Uma informação-chave que o WhatsApp tinha era que o Facebook estava planejando expandir-se em áreas com poucas conexões com a internet, como mostrou o projeto fracassado de conectar o mundo por fio. A empresa estava procurando outros meios para obter acesso ao mercado inexplorado, e o WhatsApp era uma boa escolha, pois seu crescimento de usuários era alto e em áreas não conquistadas pelo Facebook.

Por outro lado, após o fracasso do Google com o WhatsApp, o fundador do Facebook conheceu uma agenda oculta, que é o que os fundadores do WhatsApp desejam.

A fim de evitar um cenário catastrófico e continuar seu crescimento, o Facebook comprou o WhatsApp para não deixar sua concorrência obter o aplicativo, e é por isso que eles até pagaram US$4 bilhões a mais do que o preço original (US$21,8 bilhões em vez dos US$16 bilhões originais).

O preço final subindo e as numerosas concessões mostram que o WhatsApp era a que estava na posição de poder, pois ela sabia que os principais concorrentes do Facebook também estavam mostrando muito interesse (nomeadamente Google e Tencent) — BATNA. Esses mesmos concorrentes estavam cientes do potencial da aplicação, e Zuckerberg sabia que perder o negócio provavelmente significaria o fim do Facebook.

5. Comunicação

Na última parte, é claro que enquanto o Facebook quer os dados do WhatsApp, o WhatsApp prefere permanecer independente e operar sem anúncios. A receita não é a principal prioridade de Koum, ele argumenta (ROWAN, 2018).

Além disso, certamente o fundador do Facebook respeita os fundadores do WhatsApp e a própria empresa. Em 2020, ele declarou que via o WhatsApp como o futuro do Facebook devido a suas funções de mensagem de privacidade. O WhatsApp oferece a possibilidade de que o Facebook seja diversificado e proteja seus principais programas de redes sociais da popularidade cada vez menor (WAGNER, 2020).

6. Relacionamento

De fato, não é fácil para Mark Zuckerberg ter esse acordo. Mark Zuckerberg fez um acordo só, e levaria anos para que ele tivesse esse acordo. Ele chegou a esses dois fundadores em 2012, mas foi recusado. Isso aconteceu quando o fundador do Facebook não sabia o que esses dois fundadores queriam. Em geral, ele não tinha o poder da informação em 2012 (ROWAN, 2018).

Então, após o fracasso do acordo entre o Google e o WhatsApp, ele teve a chance de fechar esse acordo com informações atualizadas — a agenda oculta.

Além disso, dois fundadores do WhatsApp são conhecidos por raramente visitarem eventos de rede do Vale do Silício. Construir um relacionamento com eles é difícil. No entanto, Mark Zuckerberg tem sua força; ele é um introvertido, assim como os fundadores do WhatsApp (FAST COMPANY, 2021). De fato, um introvertido pode se dar bem com outro introvertido rapidamente. Ele começou com um e-mail, mas terminou o acordo na mesa de jantar. Mark convidou Koum para jantar com ele, e eles mantêm esse comportamento até agora. Todos os meses, Mark e Koum têm pelo menos uma refeição juntos. Eles se tornaram amigos após essa aquisição.

7. Conformidade legal

Foram necessárias autorizações regulamentares para um acordo de tal escala. As empresas estavam preocupadas, pois foi sugerido que a intenção do WhatsApp de dar chamadas telefônicas gratuitas aos consumidores poderia prejudicar empresas como Deutsche Telekom, Orange e Telecom Italia. A Comissão Europeia declarou que o acordo não prejudicaria a concorrência.

De acordo com a empresa de Mark Zuckerberg, o WhatsApp tinha mais de 450 milhões de usuários em 2015, sendo que mais de 70% deles o utilizava diariamente. Todos os dias, 18 bilhões de mensagens são enviadas. A aplicação está anos-luz à frente de seus concorrentes. Muitas aplicações coexistiram no mesmo nicho de mensagens móveis durante anos sem competir com os resultados do WhatsApp.

Os fundamentos para a aquisição do WhatsApp pelo Facebook são simples: o gaguejador norte-americano da internet tem mais de 450 milhões de usuários ativos do WhatsApp. Como o Facebook não tem recursos infinitos, essa abordagem de desenvolvimento será um desafio para replicar a um alto custo de US$40 por membro (US$19 bilhões no total).

A rede social e sua subsidiária recém-criada terão que competir diretamente com seus rivais para atrair novos membros. O que parece ter sido ganho pelos Estados Unidos e pela Europa. Na Espanha, 97% dos telefones de nova geração têm o aplicativo, em comparação com 84% na Alemanha e 83% na Holanda. Essa taxa de penetração por país é um dado analítico crucial, pois é mais simples convencer um novo usuário a aderir a um sistema de mensagens se seus parentes já o estão fazendo.

8. Concessões

O WhatsApp teve que mudar seu logotipo, e uma menção "do Facebook" foi adicionada: o logotipo é essencial para a identidade visual de uma empresa; quando o logotipo muda, isso pode ter um impacto significativo nos usuários. Em segundo lugar, o WhatsApp precisava rever a política de compartilhamento a longo prazo, pois os dados são elementos críticos para o Facebook. Essa aquisição reduziu o poder de decisão da empresa. De fato, o Facebook deve ser parte do processo de tomada de decisão. Finalmente, a empresa nega qualquer possível concorrência. Em 2014, o WhatsApp estava bem encaminhado para ser um dos principais concorrentes do Facebook. O próprio Zuckerberg disse: "A WhatsApp é a única aplicação amplamente utilizada com uma taxa de envolvimento e de usuários diária maior do que o próprio Facebook."

Com relação ao Facebook, a curto prazo, eles prometeram não utilizar os dados do aplicativo. Além disso, não há nenhuma publicidade, nenhuma mensagem patrocinada no WhatsApp. Eles também dão alguma independência ao WhatsApp: Koum e Acton foram bastante claros sobre como o acordo deveria funcionar. "O

WhatsApp vai operar independentemente", reiterou Zuckerberg; por exemplo, o endereço da sede não mudou. Finalmente, não há monetização da aplicação: o WhatsApp é gratuito. Se o WhatsApp não for mais acessível, 89% dos usuários pagarão uma assinatura para continuar usando-o.

9. Tempo

Preparação: A dimensão Tempo na fase de preparação, ou seja, antes do negócio ser feito, durou por um período prolongado de dois anos.

- No início de 2012, Mark Zuckerberg e Koum se encontraram para um café e se tornaram amigos. Depois, se encontraram frequentemente para jantar, caminhar e outros encontros cara-a-cara. Zuckerberg se diferenciou dos investidores concorrentes e adotou uma abordagem de longo prazo para primeiro construir um relacionamento e depois entender a visão de Koum para o WhatsApp e, portanto, oferecer-lhe uma proposta adequada.

- Em meados de 2013, o Google fez uma oferta que o WhatsApp recusou por não considerar o que era necessário para Koum.

- No início de 2014, o WhatsApp estava crescendo rapidamente com a adoção de cada vez mais usuários. O fechamento do negócio tornou-se urgente, era hora de assinar um acordo rapidamente. Como os dois CEOs se reuniam com mais frequência, as conversas se tornaram mais severas e levaram a um acordo entre as duas partes, que era mais uma parceria.

- No dia de São Valentim, Koum disse a Zuckerberg que queria o acordo.

Operação: US$16 bilhões, incluindo US$4 bilhões em dinheiro, US$12 bilhões em ações do Facebook e mais US$3 bilhões em ações restritas concedidas aos fundadores e aos funcionários do WhatsApp.

10. Conclusão

A etapa de "implementação" foi estudada e acordada entre Koum e Zuckerberg durante a preparação. Ambos os CEOs concordaram que o WhatsApp deveria permanecer sob sua liderança, bem como não exigir quaisquer mudanças. Zuckerberg tinha uma visão de longo prazo para a estratégia de implementação do WhatsApp, pois sabia que a privacidade dos dados seria um processo longo e poderia também levar a reações controversas dos usuários que temem por seus dados. Esse medo dos usuários foi uma etapa crucial e estratégica para a unificação de ambos os serviços, pois o WhatsApp não queria perder usuários e sofria com uma má reputação.

Em maio de 2021, poucos anos após muitas atualizações adiadas, o WhatsApp finalmente lançou uma atualização para alterar sua política de privacidade. Essa atualização incluiu o compartilhamento de informações dos usuários com o Facebook, mas os usuários deveriam aprovar essa opção antes que ela se tornasse operacional. Isso significa que as pessoas poderiam optar por não fazê-lo manualmente durante um período de 30 dias após o lançamento; após isso, os usuários não poderiam modificá-lo. Resumindo, o tempo de espera da estação é um desafio e leva algum tempo porque eles precisam convencer os usuários sobre sua transparência e como seus dados pessoais serão utilizados.

6.7 Case: A compra dos estúdios 21st Century Fox pelos estúdios Walt Disney

Neste case, especificamente, gostaria de chamar atenção para os elementos comunicação e relacionamento. Será possível observar que os dois CEOs (Robert Iger, Disney, e Rupert Mordoch, Fox), mantêm um bom relacionamento com excelente comunicação, fazendo com que haja confiança mútua e trazendo para o tabuleiro das negociações entre as duas empresas opções que evitam o conflito e criam valor para ambas por meio desse M&A.

1. Contexto

Esta aquisição foi realizada em 14 de dezembro de 2017 com um preço final de 71,3 bilhões de dólares. A Walt Disney fez esta aquisição com o objetivo de expandir seu portfólio de serviços no mundo inteiro e, dessa forma, gerar uma satisfação superior ao cliente. Essa negociação incluiria estúdios de cinema e de televisão, redes de entretenimento dos estúdios Fox e negócios internacionais, incluindo a Star (conglomerado de programas de televisão na Índia), assim como 30% da Hulu e da Fox Sky na Europa.

Durante os meses em que a negociação ocorreu, havia concorrentes que queriam adquirir a Fox primeiro que a Walt Disney, porém, o preço final de compra oferecido pela Disney era mais alto do que o estabelecido pelas outras empresas (Comcast e Verizon). Além disso, o relacionamento entre os CEOs de ambas as empresas (Robert Iger e Rupert Mordoch) vai além do ambiente de negócios.

Para Robert Iger, atual presidente da empresa até 2021, seu principal objetivo durante a gestão tem sido expandir o portfólio de serviços oferecidos pela organização em todo o mundo. Por isso ele desenvolveu e implementou estratégias de expansão em novos ambientes, como plataformas de streaming. Seu objetivo tem sido competir diretamente com empresas do setor, como Netflix e Amazon Prime.

2. Interesse

A aquisição da 21st Century Fox pela Disney é, provavelmente, um dos maiores negócios do século, não só para as duas empresas, mas também para todo o mercado de entretenimento cinematográfico, já que dois dos maiores players desse mercado decidiram unir forças. Com esse acordo, ambas as empresas têm interesses estratégicos, mas também interesses monetários.

Esse enorme contrato permitirá à Disney enriquecer o catálogo de sua futura plataforma de streaming Disney+ e pesar muito no mercado de Hollywood. A aquisição permitiria à Disney recuperar os direitos de licenças importantes como X-Men, Quarteto Fantástico, Avatar, Deadpool ou Simpsons. Além disso, a empresa espera economizar pelo menos 2 bilhões de dólares por ano graças a essa aquisição. O principal objetivo era combinar o rico e diversificado conteúdo e talento da Disney e da 21st Century Fox, a fim de criar uma empresa de entretenimento global dominante. Com essa aquisição, a Disney mostra que quer se posicionar como líder global em uma era de transformação digital e multimídia.

Em novembro de 2017, as ações da 21st Century Fox foram avaliadas em cerca de 24 dólares cada, mas a Disney valorizou as ações em 40 dólares, portanto, vender o negócio foi provavelmente uma ideia muito boa e à época perfeita para a Fox sair do mercado.

3. Opções

As duas empresas tiveram o cuidado de negociar cada parte do contrato e a Disney também tratou de grande parte do bolo.

Durante esse contrato, foi definido que Rupert Murdoch, o bilionário proprietário do estúdio de animação "The whole Fox 21' Century", manteria a rede de TV generalista Fox, a Fox Sport, que transmite em particular o futebol americano, assim como a Fox News, canal que ainda hoje é extremamente influente e lucrativo.

Por outro lado, a Disney recuperaria todas as grandes capacidades de produção da Fox com todos os seus estúdios e equipes criativas, a 20th Century Fox e a Blue Sky. E também sua rede de transmissão com canais a cabo, como o National Geographic, uma participação de 39% na Sky na Europa e a Star na Ásia. Além disso, a Disney está comprando a participação da Fox no serviço de streaming Hulu, que detinha 30% da empresa.

Mas as autoridades de concorrência exigiram uma contrapartida para a validação dessa fusão, 22 canais esportivos locais da Fox teriam que ser vendidos pela Disney após a aquisição para evitar um aumento no preço dos programas esportivos em certas regiões dos EUA.

4. Poder

Para encontrar informações sobre o aspecto do Poder, tivemos que pesquisar em muitos sites falando sobre a avaliação da aquisição, sobre o que a Disney estava procurando com a compra da Fox etc. Para isso, a Disney estava em uma competição intensa com a Comcast. A Fox decidiu "escolher" a Disney por causa do fato de que, em primeiro lugar, a proposta da Disney era maior (diferença de 6,3 bilhões de dólares norte-americanos entre as duas ofertas) e porque a Disney propunha dinheiro em vez de apenas dar ações. Essa ideia deu a Disney uma vantagem real, pois isso é realmente mais lucrativo para a Fox.

Estudamos vários relatórios sobre essa compra, e em um deles, o da CNBC, a Fox queria colocar do seu lado todas as chances de ter uma presença no mercado global. Empresas sinceras como Netflix, Facebook e Google estão crescendo cada vez mais com o passar do tempo. O fato é que, por si só, a Fox nunca poderia impor sua presença no mercado. Ela precisava da ajuda de um gigante como a Disney. Este último agiu com um toque de empatia quando a Fox estava expondo seus projetos. A Disney queria fazer com que tudo seguisse as ideias e os objetivos da Fox. Por exemplo, a Fox queria ser a líder no mercado cinematográfico, e é isso que o Walt Disney Studios fará. A Disney estava realmente indo na direção dos estúdios da Fox e foi isso que fez com que a escolha se voltasse para ela. Finalmente, houve também o fato de que, com a compra da Fox, o novo sindicato teria as maiores quotas no mercado cinematográfico, combinando mais de 28% do total de ações.

5. Comunicação

Quanto ao aspecto da comunicação, descobrimos que entre ambas as empresas houve alguns mal-entendidos. Em primeiro lugar, ambas não esperavam que seus funcionários não trabalhassem com os mesmos métodos. Isso explicou o verdadeiro fracasso do filme "X-Men: Fênix Negra" que custou uma perda de mais de 150 milhões de dólares para a Disney, e uma diminuição de 3,5% do valor de sua participação. Foi por isso que a Disney decidiu manter seus métodos e mudar os dos funcionários da Fox. Outro desacordo dizia respeito aos projetos da Fox antes da compra. De fato, todos esses projetos foram abandonados pela Disney, que simplesmente decidiu colocar todos os filmes e séries em sua própria plataforma de transmissão: Disney+. A Fox não esperava que todas as ideias que eles tinham em mente fossem apenas para o lixo. A Disney agiu dessa forma, pois queria dedicar o tempo inteiramente a projetos com muito mais potencial, como o próximo Avatar. Assim, podemos ver que houve muitos mal-entendidos entre as duas empresas, e que a Disney ficou bastante desapontada com os resultados do último projeto da Fox. Poder-se-ia quase pensar que eles simplesmente compraram a Fox para ter os direitos do conteúdo, e depois focaram muito mais seus próprios projetos.

6. Relacionamento

Bob Iger, CEO da Disney, e Rupert Murdoch, presidente da 21st Century Fox, já tinham tido contato em várias ocasiões para discutir a mídia e a indústria do entretenimento, abordagens que são muito comuns quando se trata de falar de empresas grandes como essas duas e sua grande contribuição para o sindicato. Após várias reuniões de partilha e bebidas, Iger propôs seriamente a Murdoch uma fusão, uma estratégia importante para ter uma grande vantagem sobre as grandes como a Netflix na produção de filmes e de séries. Essa relação anterior entre eles, juntamente com o grande conhecimento que compartilham sobre a indústria, foi essencial quando começaram a negociar. Ambos já se conheciam há muito tempo, o que não exigia tanto protocolo, tornando a negociação mais fluída.

O aspecto cultural também não foi um problema entre eles, o impacto da nova fusão foi positivo para a cultura empresarial, incentivando ainda mais os funcionários a terem mais visão e criatividade para desenvolver novos projetos. Também, no momento da negociação, foram avaliadas as possíveis perdas que poderiam ser devidas à nova aquisição. Era possível que clientes ou fornecedores não concordassem com a nova fusão, talvez devido à experiência de um fornecedor da Disney com a Fox Studios, e isso afetaria a rentabilidade da empresa. Reputação e confiança são fatores essenciais para o desenvolvimento bem-sucedido de projetos futuros. Durante a negociação, a relação entre as partes foi boa, elas concordaram em vários pontos, talvez não em todos, mas o respeito e a vontade de ouvir estavam sempre presentes.

Até mesmo Murdoch destacou a importância do Iger à frente da Disney para sua liderança e para tudo o que ele pode contribuir para a nova fusão. Iger havia planejado se aposentar por um tempo em 2018, mas quando soube das negociações que iriam começar com a 21st Century Fox, ele prorrogou seu contrato até 2019. Tudo estava indo bem até que chegou ao ponto de determinar a avaliação da compra. A Disney ofereceu até US$60 bilhões em dinheiro e ações, mas isso não foi suficiente para convencer Murdoch e eles suspenderam as conversações, o que levou a criar tensão ao não concordar sobre este ponto após várias semanas de negociação.

Não tendo chegado a um acordo com a Disney, a 21st Century Fox começou a se aproximar da Comcast, uma empresa que também estava muito interessada na compra no início, mas no final, depois de várias semanas, também não chegaram a nenhum acordo e suspenderam as conversas. No fim do ano, a diretoria da

21st Century Fox avaliou os pontos negociados com a Disney, e independentemente de a negociação ter parado no passado, as duas partes estavam sempre em contato, tentando conciliar, e acabaram chegando a um acordo em boas condições para beneficiar ambas. No fim, a Fox sempre disse que a Disney era sua melhor opção, por causa do que podia contribuir e pelo bom relacionamento que tinham antes e durante a negociação.

7. Concessões

Pode-se dizer que sem concessões não há uma negociação real. Geralmente, a ação é simplesmente o momento em que uma parte ajusta sua posição ao pedido da outra. Concessões são uma ferramenta tática usada para realizar ou alcançar os objetivos individuais que você estabelece como parte de sua estratégia para a negociação. Também é importante ter em mente algumas regras importantes quando você faz a ação.

Nesse caso, temos o case da Disney quando ela comprou a 21st Century Fox. A Disney estava interessada em adquirir a televisão da Fox e os filmes do estúdio. Além disso, com a compra de uma das produtoras mais tradicionais, a liderança da Disney no cinema seria muito beneficiada, pois a Fox tem personagens como os X-Men, o Deadpool, e filmes importantes como Avatar ou programas de TV como os Simpsons. Por essa razão, uma das mais importantes concessões estava no preço.

A primeira oferta da Disney foi de 52 bilhões de dólares, mas a Comcast, sua concorrente na época, ofereceu 65 bilhões de dólares. No entanto, a Disney não desistiu e ofereceu 71,3 bilhões de dólares, provando que realmente queria comprar a Fox, porque este negócio poderia colocar a Disney em uma escala maior e poderia criar mais conteúdo e melhor atendimento aos clientes em nível nacional e internacional.

A segunda concessão foi quando a Disney deixou a Fox manter tudo relacionado a esportes e notícias.

A Disney ficou com a 21st Centrury Fox (em outras palavras, a mãe da empresa), a Fox search light (que é um estúdio que deu muitos Óscares à Fox como o do filme *A Forma da Água*), A Bluesky, alguns canais de TV nacionais e os 39% das ações da Sky (que é uma das principais empresas de comunicação da Europa) com exceção da Fox News e da Fox Esports, já que o proprietário da Fox, Murdoch, pretendia ser a única mídia focada exclusivamente em esportes e notícias, como costumava ser no passado. Além disso, a 20th Century Fox, com o apoio da Disney, decidiu vender os 39% dos ativos à Comcast, venda essa que foi benéfica para a Disney porque com o dinheiro obtido ela investiria na criação do Disney+. Essa é hoje uma das maiores competições da Netflix e da Amazon.

8. Conformidade

A venda da 20th Century Fox à Disney é uma das operações financeiras mais ambiciosas do mundo do entretenimento nos últimos anos. Os acionistas de ambas as empresas aprovaram a oferta de aquisição de 71,3 bilhões de dólares em dinheiro e ativos, que inclui o estúdio de televisão e cinema da Fox, bem como a propriedade parcial da empresa de telecomunicações Sky TV, o conglomerado indiano Star media outlet e o serviço de streaming Hulu. A Disney pagou um total de aproximadamente 35,7 milhões de dólares em dinheiro e emitiu aproximadamente 343 milhões de ações da New

Disney para os acionistas da 21st Century Fox. Como resultado, a atual 21st Century Fox terá uma participação de 17-20% na nova Disney.

Para a venda da 20th Century Fox, a Disney e a Fox concordaram que a Fox continuará a ter ativos na Disney, o que a beneficiaria, pois naquela época a Disney planejava criar o Disney+, que seria um das principais concorrentes entre a Netflix e a Amazon, além disso, os acionistas da 20th Century Fox possuiriam 25% de todas as transações realizadas pela Disney. Isso significa que eles teriam alguns ativos da Disney. A aquisição desses ativos complementares permitiu à Disney criar um conteúdo mais envolvente, construir relacionamentos mais diretos com clientes em todo o mundo e proporcionar uma experiência de entretenimento mais envolvente. Além disso, a Disney também assumiu cerca de 13,7 bilhões de dólares de dívida líquida da Fox no negócio.

Outro acordo foi que, após finalizar a compra, a Disney mudaria o nome de 20th Century Fox para 21st Century Fox. Esse acordo seria feito para indicar um novo começo para a empresa.

A Comissão Europeia aprovou a compra da 20th Century Fox pela Disney na condição de que ela vendesse as ações nos canais de televisão. Os canais nos quais a participação deve terminar são as redes de televisão A+E, History Channel, H2, Crime e Investigação, Fogo e Vida, atualmente controladas pelas redes de televisão A+E, uma joint venture entre a Disney e a Hearst. O caso teve que ser analisado pelo funcionário responsável pelos sistemas antitruste, para determinar se essa compra era prejudicial ao mercado.

A Disney e a Fox tiveram que competir para vender programação esportiva a cabo ao MVPD em vários mercados locais dos EUA. O negócio proposto exigia que a Disney vendesse 22 RSN (de propriedade da Fox) a um comprador aceitável para o departamento. Essas negociações ajudaram a fazer desaparecer as preocupações antitruste.

Para a Walt Disney Company é essencial que todos os fabricantes Disney compartilhem os mesmos compromissos e exijam da mesma forma que toda a marca atenda a certos padrões específicos. Em primeira instância, encontramos o código de conduta e os padrões trabalhistas. A fim de fazer essa compra, a organização estava encarregada de verificar que dentro da 21st Century Fox cumpria os mesmos padrões exigidos pela Disney. Esses padrões são: trabalho infantil (menores de 15 anos), trabalho não voluntário (a empresa não aceita trabalho forçado), coerção e assédio (a base é o respeito e cada membro da empresa deve ser tratado da melhor maneira possível), não discriminação (respeito aos direitos), saúde e segurança (a empresa fornecerá locais de trabalho saudáveis e seguros para cada membro da empresa), remuneração e proteção ambiental.

Além disso, a Disney tem se concentrado em crescer exponencialmente para cobrir o mercado de streaming e ser o principal concorrente do Amazon Prime Vídeo e da Netflix, razão pela qual os padrões de qualidade solicitados pela empresa são altos e muito específicos. Esses padrões são definidos por quatro conceitos-chave: segurança, cortesia, showmanship e eficiência. Em seguida, descobrimos que o processo de serviço deve obedecer aos mais altos e exigentes padrões de serviço. Essa empresa tem se caracterizado por oferecer um excelente serviço a todos os seus consumidores, independentemente de sua idade. É por isso que, para a Disney, a compra da 21st Century Fox expande as opções para oferecer um melhor serviço a seus clientes.

Para analisar os padrões dessa negociação, é importante entender que o segredo da Disney é criar uma experiência mágica que motive a fidelidade de seus clientes e tudo deve estar alinhado para este fim. Por outro lado, a empresa Walt Disney também levou em conta, ao avaliar o preço a oferecer para a compra, o fato de que a 21st Century Fox recebeu muitos prêmios importantes no mundo inteiro, como o Oscar, entre outros. Para a Disney é de grande importância adquirir essa reputação e implementar estratégias para continuar a pertencer ao valioso grupo de elite do setor.

Em relação a isso, podemos mencionar que a Fox tem conteúdo popular no mundo todo, como Avatar, X-Men, Deadpool, entre outros filmes e canais de televisão como Modern Family, os Simpsons etc.

Finalmente, é importante mencionar que ambas as empresas estão implementando tecnologias inovadoras, incluindo a plataforma Bamtech, uma ferramenta importante para continuar desenvolvendo conteúdo de streaming. Todas essas razões levaram a empresa Walt Disney, após uma árdua comparação, a decidir aumentar sua oferta de 52 bilhões para 71,3 bilhões de dólares, devido ao alinhamento de princípios e padrões existentes entre ambas as empresas.

9. Tempo

O interesse em negociar começou depois que Rupert Murdoch, presidente da 21st Century Fox e Bob Iger, CEO da Disney, tiveram uma reunião em 9 de agosto de 2017, na cidade de Los Angeles, para simplesmente compartilhar algumas bebidas e discutir questões da indústria de entretenimento como de costume. Durante a conversa surgiu a ideia de fazer uma possível fusão entre as duas empresas, o que levou Murdoch e Iger a falarem novamente duas semanas depois, mas dessa vez para marcar seriamente uma reunião e serem apazes de especificar como seria o processo de negociação. Em setembro, as duas empresas começaram a analisar que parte da Fox, a Disney iria adquirir.

10. Conclusão

Em outubro, as duas empresas se reuniram para esclarecer quais implicações os impostos teriam na referida compra. Duas semanas depois se reuniram novamente para discutir uma questão importante como o valor da compra, que não terminou totalmente bem desde que a Disney ofereceu US$60 bilhões, um preço que a 21st Century Fox não aceitou e, portanto, acabou suspendendo a negociação. Em 6 de novembro, a Comcast mostrou seu interesse em iniciar as negociações com a 21st Century Fox, o que também despertou o interesse da Disney em analisar a situação e poder entrar novamente na negociação. Durante todo o mês, representantes de cada empresa tiveram reuniões para especificar como seria a compra, até mesmo outra empresa como a Verizon apareceu no radar para iniciar as negociações com a Fox, mas semanas depois de 15 de novembro os consultores da Fox recomendaram a sua remoção.

Nos dias seguintes, a Disney e a Comcast se reuniram para discutir o valor da compra. Quando cada uma ofereceu suas propostas, após o Dia de Ação de Graças, a Fox avaliou as duas a fim de escolher a menos arriscada em termos de regulamentação, já que naqueles primeiros dias o Departamento de Justiça bloqueou a fusão entre a AT&T e a Times Warner, um risco que a Fox não queria correr.

Em 7 de dezembro, a Fox anunciou à Comcast a retirada das negociações, e começaram a se concentrar na Disney. Dias depois, em 13 de dezembro, a diretoria da Fox e da Disney se reuniu novamente para rever todos os pontos da negociação e chegou a um acordo de compra por US$67 bilhões sobre a divisão de entretenimento da Fox. No dia seguinte, a Disney oficializou a compra.

Bibliografia consultada

AB InBev qui veut s'unir à SAB Miller présente des résultats solides. 2015. *L'Express*. Disponível em: https://lexpansion.lexpress.fr/actualites/1/actualite-economique/ab-inbev-qui-veut-s-unir-a-sab-miller-presente-des-resultats-solides_1731042.html. Acesso em: 2 out. 2021.

AB InBev's Carlos Brito stays focused on things he can control. 2015. *Financial Times*. Disponível em: https://www.ft.com/content/b772306a-71ba-11e5-8af-2-f259ceda7544. Acesso em: 2 out. 2021.

AGILEST. 2020. *Scaling Agile with Scrum of Scrums (SoS)*. Disponível em: https://www.agilest.org/scaled-agile/scrum-of-scrums/. Acesso em: 14 jul. 2020.

AGUIAR, M. *Eleita 6ª mulher mais poderosa do País, presidente da Dudalina S/A prepara sucessor*. 2013. Disponível em: http://economia.ig.com.br/empresas/2013-07-23/eleita-6-mulher-mais-poderosa-do-pais-presidente-da-DudalinaS/A-prepara-sucessor.html. Acesso em: 7 jul. 2014.

AIRBUS renonce aux négociations avec Bombardier sur le programme CSeries. *L'usine Nouvelle*. 2015. Disponível em: https://www.usinenouvelle.com/article/airbus-renonce-aux-negociations-avec-bombardier-sur-le-programme-c-series.N355592. Acesso em: 30 set. 2021.

AIRBUS scelle le rachat de la part de Bombardier dans le programme A220. *L'usine Nouvelle*. 2020. Disponível em: https://www.usinenouvelle.com/article/

airbus-scelle-le-rachat-de-la-part-de-bombardier-dans-le-programme-a220. N929364. Acesso em: 30 set. 2021.

AIRBUS. *Airbus et Bombardier annoncent un partenariat dans le cadre du programme C Series.* 2017. Disponível em: https://www.airbus.com/newsroom/press-releases/fr/2017/10/airbus-bombardier-cseries-agreement.html. Acesso em: 30 set. 2021.

AJAY, S.; FINK, J.; HESS, P. Deal logic Twenty-First Century Fox/Walt Disney. 2019.

AUBERT, M.; CABON, M.; CHEN, W. et al. *Negotiation Between Microsoft and Linkedin. Case Study.* Rennes School of Business. 2021. MsC International Negotiation & Business Development. Disponível em: https://geeko.lesoir.be/2014/02/20/5-consequences-du-rachat-de-whatsapp-par-facebook/. Acesso em: 27 set. 2021.

BAZERMAN, M. *Processo decisório.* 5. ed. Rio de Janeiro: Campus, 2004.

BAKER, N. SABMiller CEO slams 'lager lout' ads. *The Drinks Business.* 2015. Disponível em: https://www.thedrinksbusiness.com/2015/05/sabmiller-ceo-slams-lager-lout-ads/. Acesso em: 2 out. 2021.

BOGOTÁ, J. D. Disney buys 21st Century Fox: a monopoly on entertainment? *Le Figaro.* 2019. Disponível em: https://www.lefigaro.fr/medias/2018/07/19/20004-20180719ARTFIG00241-comcast-renonce-a-la-bataille-pour-le-controle-de-21st-century-fox.php. Acesso em: 6 out. 2021.

BOWER, J. L. The CEO within: why inside outsiders are the key to succession. *Harvard Business Review Press,* 2007.

BROOKEY, R. A.; ZHANG, N. *The not-so Fantastic Four franchise*: a critical history of the comic, the films, and the Disney/Fox merger. 2020.

BRUNELO, Q.; ENET, T.; NUCK, N. et al. *An historic negotiation Airbus and Bombardier. Case Study.* Rennes School of Business 2021. MsC International Negotiation & Business Development.

BUERKLE T. SABMiller's Alan Clark Has Big Plans for Beer. *Institutional Investor.* 2015. Disponível em: https://www.institutionalinvestor.com/article/b14zbhppkdp4th/sabmillers-alan-clark-has-big-plans-for-beer. Acesso em: 2 out. 2021.

CHAUDHURI, S. AB InBev approach brews challenge for SABMiller's CEO Alan Clark. *Wall Street Journal.* 2015. Disponível em: https://www.wsj.com/articles/ab-inbev-approach-brews-challenge-for-sabmillers-ceo-alan-clark-1442494632. Acesso em: 2 out. 2021.

CHAUDHURI, S.; MICKLE, T.; RAICE, S. How AB InBev won over SABMiller. *Wall Street Journal*. 2015. Disponível em: https://www.wsj.com/articles/sabmiller-ab-inbev-agree-on-deal-in-principle-1444717547. Acesso em: 2 out. 2021.

CIALDINI, R. *Pré-suasão*. Rio de Janeiro: Sextante, 2017.

COLE, S. 7 Famous leaders who prove introverts can be wildly successful. *Fast Company*. 2021. Disponível em: https://www.fastcompany.com/3032028/7-famous-leaders-who-prove-introverts-can-be-wildly-successful. Acesso em: 25 set. 2021.

COMMENT la fusion à 107 Md$ entre AB InBev et SABMiller a changé l'industrie de la bière. *Les Echos*. 2018. Disponível em: https://capitalfinance.lesechos.fr/analyses/dossiers/comment-la-fusion-a-107-md-entre-ab-inbev-et-sabmiller-a-change-lindustrie-de-la-biere-125870. Acesso em: 2 out. 2021.

CREATING a global leader. *Freshfields*. Disponível em: https://www.freshfields.com/en-gb/what-we-do/case-studies/ab-inbev-case-study/. Acesso em: 2 out. 2021.

DIAS, M. *et al*. Dudalina S/A: case study on how to overcome succession barriers on a brazilian family business. *Business and Management Review*, v. 3, n. 12, p. 217-229, 2014.

DIAS, M. *et al*. Brazilian fashion business Dudalina S/A: case revisited. *International Journal of Business and Management Studies*, v. 4, n. 1, p. 11-24, 2015.

DIAS, M.; DAVILA JR., E. Overcoming succession conflicts in a Limestone family business in Brazil. *International Journal of Business and Management Review*, v. 6 n. 7, p. 58-73, 2018.

DNPM Departamento Nacional de Pesquisa Mineral. *Calcário agrícola*. 2018. Disponível em: file:///C:/Users/Murillo/Documents/7.1%20%E2%80%93%20Calc%C3%A1rio%20Agr%C3%ADcola.pdf. Acesso em: 28 ago. 2018.

DUBRIN, A. J. *Fundamentos do comportamento organizacional*. São Paulo: Pioneira, 2003.

DUPUY, J. P. *Common knowledge, common sense*. Palo Alto: Theory and Decision, 1989.

DUTHEIL, G. Avec l'Airbus A220, moins polluant et plus rentable, Air France lance la modernisation de sa flotte. *Le Monde*. 2021. Disponível em: https://www.lemonde.fr/economie/article/2021/09/30/avec-l-airbus-a220-moins-polluant-et-plus-rentable-air-france-lance-la-modernisation-de-sa-flotte_6096523_3234.html. Acesso em: 30 set. 2021.

DUTT, P. How Facebook bought WhatsApp: a timeline. *BGR India*. 2021. Disponível em: https://www.bgr.in/news/how-facebook-bought-whatsapp-a-timeline-js214-298107/. Acesso em: 27 set. 2021.

DUZERT, Y. *Manual de negociações complexas*. Rio de Janeiro: FGV, 2007.

DUZERT, Y.; SIMONIATO, M. Newgotiation: newgociação no cotidiano. Rio de Janeiro: QualityMark, 2017.

DUZERT, Y.; SPINOLA, A. T. S. *Negociação e administração de conflitos*. Rio de Janeiro: FGV, 2018.

ESCOLA DE ECONOMIA DE SÃO PAULO. 2017. Disponível em https://run.unl.pt/bitstream/10362/26969/1/Bourban_2017.pdf

EUROPEAN COMMISSION. Case M.8228 - *Facebook / Whatsapp. Merger Procedure Regulation (Ec) 139/2004*. 2017. Disponível em: https://ec.europa.eu/competition/mergers/cases/decisions/m8228_493_3.pdf. Acesso em: 27 set. 2021.

FALCÃO, M.; RESENDE, T. *Americanas Advent and Pincus buy the Control of Dudalina S/A*. 2014. Disponível em: http://www.universovarejo.com.br/americanas-advent-e-warburg-pincus-compram-o-controle-da-DudalinaS/A/. Acesso em: 7 jul. 2018.

FAST COMPANY. *7 famous leaders who prove introverts can be wildly successful*. 2021. Disponível em: https://www.fastcompany.com/3032028/7-famous-leaders-who-prove-introverts-can-be-wildly-successful. Acesso em: 25 set. 2021.

FISCHER, R. U.; PATTON, W. B. *Como chegar ao sim*. A negociação de acordos sem concessões. 2. ed. Rio de Janeiro: Imago, 1994.

FRANCE, L. 2030 en 2021. 17 Objectifs de développement durable. *L'Agenda 2030 en France*. Disponível em: https://www.agenda-2030.fr/17-objectifs-de-developpement-durable/. Acesso em: 30 set. 2021.

FRESHFIELDS. 2021. Disponível em: https://www.freshfields.com/en-gb/what-we-do/case-studies/ab-inbev-case-study/. Acesso em: 10 set. 2021.

FROMENT, E. *5 conséquences du rachat de WhatsApp par Facebook*. Geeko, 2014.

FUHRMEISTER, C. AB InBev sets timeline to complete world's biggest beer merger. *Eater*. 2016. Disponível em: https://www.eater.com/2016/8/1/12345542/ab-inbev-sabmiller-merger-finalized. Acesso em: 2 out. 2021.

GALINDO, B. K. A.; MORENO, G, C.; GOUWY, T. *et al*. *The purchase of 21st Century Fox Studios by Walt Disney Studios. Case Study*. Rennes School of Business 2021. MsC International Negotiation & Business Development.

GELLER; BLENKINSOP. 2016. Disponível em: https://esportes.yahoo.com/noticias/acionistas-da-sabmiller-aprovam-oferta-aquisi%C3%A7%C3%A3o-da-empresa-115623300--finance.html. Acesso em: 10 set. 2021.

GIRARD, L. Big bang en vue chez les brasseurs. *Le Monde*. 2015. Disponível em: https://www.lemonde.fr/economie/article/2015/09/17/big-bang-en-vue-chez-les-brasseurs_4760918_3234.html#FJ06qu9BeqOpHjWt.99. Acesso em: 2 out. 2021.

GOLDMAN, D. LinkedIn stock plummets 43% on tepid outlook. *CNN*. 2016. Disponível em: https://money.cnn.com/2016/02/05/technology/linkedin-stock/index.html. Acesso em: 4 out. 2021.

HARVARD BUSINESS REVIEW. *The big idea: the new M&A playbook*. 2011. Disponível em: https://hbr.org/2011/03/the-big-idea-the-new-ma-playbook; http://www.mckinsey.com/insights/consumer_and_retail/the_business_of_creating_de%09sire%09an_int. Acesso em: 14 jul. 2020.

INSTITUTO BRASILEIRO DE GEOGRAFIA E ESTATÍSTICA (IBGE). Síntese de indicadores sociais: uma análise das condições de vida da população brasileira. *Estudos &Pesquisas: Informação Demográfica e Sócio Econômica*, v. 29, p. 137-140, 2012.

JONES, D. L'action Airbus s'envole après l'accord historique avec Bombardier sur le CSeries. *Les Echos Investir*. 2017. Disponível em: https://investir.lesechos.fr/actions/actualites/l-action-airbus-s-envole-apres-l-accord-historique-avec-bombardier-sur-le-cseries-1713163.php. Acesso em: 30 set. 2021.

JOUAN, H. Lourdement endetté, Bombardier hésite toujours sur sa stratégie de survie. *Le Monde*. 2020. Disponível em: https://www.lemonde.fr/economie/article/2020/02/06/lourdement-endette-bombardier-hesite-toujours-sur-sa-strategie-de-survie_6028605_3234.html. Acesso em: 30 set. 2021.

KLEIN, G. *Seeing what others don't*. The remarkable ways we gain insights. London: Nicholas Brealey Publishing, 2013.

KORENKOVA, T. DISNEY-FOX Deal: Valuation of an acquisition. *String Fisher*. 2018-2019. Disponível em: https://stringfixer.com/fr/Acquisition_of_21st_Century_Fox_by_Disney. Acesso em: 6 out. 2021.

LAMIGEON, V. Comment le pari raté du CSeries a tué Bombardier. *Challenges*. 2020. Disponível em: https://www.challenges.fr/entreprise/transports/

comment-le-pari-rate-du-cseries-a-tue-bombardier_699509. Acesso em: 30 set. 2021.

LE PDG de Microsoft détaille les raisons du rachat de LinkedIn. *Business Insider*. 2016. Disponível em: https://www.journaldunet.com/solutions/cloud-computing/1180138-pourquoi-microsoft-a-rachete-linkedin/. Acesso em: 4 out. 2021.

LEFEBVRE, P. L'étonnante histoire de l'A220, l'avion canadien sauvé de justesse par Airbus. *Franceinter*. 2021. Disponível em: https://www.franceinter.fr/economie/l-etonnante-histoire-de-l-a220-l-avion-canadien-sauve-de-justesse-par-airbus. Acesso em: 30 set. 2021.

LEJEUNE, L. Pourquoi Microsoft rachète le réseau social professionnel LinkedIn. *Challenges*. 2016. Disponível em: https://www.challenges.fr/challenges-soir/pourquoi-microsoft-rachete-le-reseau-social-professionnel-linkedin_19068. Acesso em: 4 out. 2021.

LEWICKI, R. J.; SAUNDERS, D. M.; BARRY, B. *Negotiation*. 5. [s/l]:[s/d], 2006.

MACINSKÝ, P. Facebook acquisition of WhatsApp (case study). *Linkedin*. 2021. Disponível em: https://www.linkedin.com/pulse/facebook-acquisition-whatsapp-case-study-peter-kovac/. Acesso em: 25 set. 2021.

MAYINDU, H.; DOUCE, A.; GAUTRON, N. *et al. Facebook and WhatsApp. Case Study*. Rennes School of Business. 2021. MsC International Negotiation & Business Development.

MCKINSEY. *How to win at M&A*. 2018. Disponível em: https://www.mckinsey.com/business-functions/organization/our-insights/the-organization-blog/how-to-win-at-ma; http://www.mckinsey.com/insights/consumer_and_retail/the_business_of_creating_de%09sire%09an_int. Acesso em: 14 jul. 2020.

MCKINSEY. *Why leadership-development programs fail*. 2018. Disponível em: https://www.mckinsey.com/featured-insights/leadership/why-leadership-development-programs-fail. Acesso em: 24 abr. 2021.

MICROSOFT met 23 milliards d'euros sur la table pour s'offrir LinkedIn. *Le Express*. 2016. Disponível em: https ://lexpansion.lexpress.fr/high-tech/microsoft-achete-linkedin-pour-26-2-milliards-de-dollars_1801761.html. Acesso em: 4 out. 2021.

MICROSOFT to acquire LinkedIn. *Microsoft News Center*. 2016. Disponível em: https://news.microsoft.com/2016/06/13/microsoft-to-acquire-linkedin/. Acesso em: 4 out. 2021.

MIT TECHNOLOGY REVIEW. *Como o ambiente virtual impacta nossas decisões?* Disponível em: https://mittechreview.com.br/como-o-ambiente-virtual-impacta-nossas-decisoes/. Acesso em: 24 abr. 2021.

NURIN, T. It's final: AB InBev closes on deal to buy SABMiller. *Forbes*. 2016. Disponível em: https://www.forbes.com/sites/taranurin/2016/10/10/its-final-ab-inbev-closes-on-deal-to-buy-sabmiller/ ?sh=374e90da432c. Acesso em: 2 out. 2021.

OFFRE d'AB InBev: SABMiller veut économiser advantage. *La Libre*. Disponível em: https://www.lalibre.be/economie/entreprises-startup/2015/10/09/offre-dab-inbev-sabmiller-veut-economiser-davantage-SCH2L6WULJB-2BCKYMMYGWZOYIE/. Acesso em: 2 out. 2021.

ORESKOVIC, A. Facebook says the WhatsApp deal cleared by FTC. *Reuters U.S.* 2021. Disponível em: https://www.reuters.com/article/us-facebook-whatsapp-idUSBREA391VA20140410. Acesso em: 27 set. 2021.

P.L. Aéronautique: Airbus s'allie à Bombardier pour contrer Boeing. *Leparisien*. 2017. Disponível em: https://www.leparisien.fr/economie/aeronautique-airbus-s-allie-a-bombardier-pour-contrer-boeing-17-10-2017-7336878.php. Acesso em: 30 set. 2021.

PERRIN, J. Pourquoi microsoft a racheté Linkedin. *Le VPN*. 2016. Disponível em: https://www.le-vpn.com/fr/microsoft-a-rachete-linkedin/. Acesso em: 4 out. 2021.

PINHEIRO, V. C. B. D. 21st Century Fox acquisition impacting Disney's Studios (Doctoral dissertation). 2020.

ROWAN, D. The inside story of Jan Koum and how Facebook bought WhatsApp. *Wired UK*. 2017. Disponível em: https://run.unl.pt/bitstream/10362/26969/1/Bourban_2017.pdf. Acesso em: 2 out. 2021.

SEBRAE. *Conexão in Sebrae*, v. 8, n. 45, p. 1-19, 2014.

SHONK, K. A negotiation preparation checklist. *PON - Program on Negotiation at Harvard Law School*. 2019. Disponível em: https://www.pon.harvard.edu/daily/negotiation-skills-daily/negotiation-preparation-checklist/. Acesso em: 30 set. 2021.

SOUZA, A.C.H. *Retrato de família*. Blumenau: Letra Viva, 1996.

SOUZA, A.C.H. *Construindo sonhos*. Blumenau: HB, 2002

SPINOLA, A.; BRANDÃO, A.; DUZERT, Y. *Negociação empresarial*. São Paulo: Saraiva Jur, 2011.

SUSSKIND, L.; MOVIUS, H. Built to win creating a world-class negotiating organization. *Harvard Business Press*, 2019.

SUSSKIND, L.; CRUICKSHANK, J.; DUZERT, Y. *Quando a maioria não basta*. Rio de Janeiro: Editora FGV, 2008.

SUSSKIND, L.; FIELD, P. *Dealing with angry public*: the mutual gains approach to resolving disputes. New York: Free Press, 2006.

TREBUSS, S. The marketing controller: Financial support to the marketing function. *The Canadian Business Review*, p. 30-33, Autumn 1976.

TRÉVIDIC, B. Le CSeries de Bombardier a rejoint la gamme d'Airbus. *Les Echos*. 2018. Disponível em: https://www.lesechos.fr/2018/06/le-cseries-de-bombardier-a-rejoint-la-gamme-dairbus-992105. Acesso em: 30 set. 2021.

TRUMP, D. *América debilitada*: como tornar a América grande outra vez. Porto Alegre: CDG, 2016.

TWEEDIE, S. Microsoft buys Linkedin for $26.2 billion. *Business Insider*. 2016. Disponível em: https://www.businessinsider.com/microsoft-buys-linkedin-2016-6?IR=T. Acesso em: 4 out. 2021.

UNE fusion historique pour AB InBev et SAB Miller. 2015. *Enderi*. Disponível em: https://www.enderi.fr/Une-fusion-historique-pour-AB-InBev-et-SAB-Miller_a273.html. Acesso em: 2 out. 2021.

UNGER, V.; DARRAS, C.; EDLINE, M. et al. *AB InBev & SABMiller. Case Study*. Rennes School of Business 2021. MsC International Negotiation & Business Development.

URY, W.; PATTON, B.; FISHER, R. *Como chegar ao sim - a negociação de acordos sem concessões*. 3. ed. Rio de Janeiro: Imago, 2014.

WAGNER, K. Facebook sees WhatsApp as its future, antitrust suit or not. *Bloomberg*. 2021. Disponível em: https://www.bloomberg.com/news/features/2020-12-09/facebook-fb-plans-to-turn-messaging-app-whatsapp-into-a-moneymaking-business. Acesso em: 27 set. 2021.

WIRED. Disponível em: https://www.wired.co.uk/article/whats-app-owner-founder-jan-koum-facebookfbclid=IwAR2MzYjKRhf8cJXfIOMQEpLQ_WGqXnMqsnDD_Jnmz9mGStDE4qd6T6y4uR4. Acesso em: 27 set. 2021.

WOOD, A. *Mente e cérebro - o que faz os outros dizerem sim*. São Paulo: Brooks, 2016.

Índice

#

20th Century Fox 272–282
21st Century Fox 270–282

A

AB InBev 225–282
Abstração seletiva 45, 99
Airbus 235–282
Alavancagem financeira 155
Alta performance 25
Amazon 262–282
Ambiente Externo 93
Ambiente Interno 93
Ambiente virtual 203
Ancoragem 34
Assertividade 62
Ativos intangíveis 221
Auto-organização 32

B

Backgrounds 28
BATNA 34, 36, 40, 61, 231–282
Bombardier 236–282
Brainstorming 37, 220
Budget 165
Budgets 153

C

CADE 107
Capacidade cognitiva 56
Capital humano 156
CEO 27, 123
CFO 27, 123
Clash 224–282
Clini-cases 73
CMO 123
Coacher 24

Cognição 43
Colaboradores 28
Competência 24
Compromisso 17
Concessão 55, 96, 142
Confiança 17
Conflitos de gerações 127
Conformidade legal 67
Contraparte 198
Controladores 89
Core business 119
Cortina de fumaça 63
Credibilidade 37
Criação de valor 37

D

Deadline 54, 176
Decisão arriscada 182
Desavenças familiares 83
Desvalorização da oferta 64
Desvalorização da pessoa 65
Dez elementos 107
Diagnósticos 73
Dispute Board 18
Distribuição de valor 60, 220
Dono da verdade 180
Ducha escocesa 63
Dudalina 100

E

EBITDA 230
Eficiência 22
Ego inflado 79, 83
Elementos-chave 251–282
Embraer 238–282
Empresas familiares 75
Escuta ativa 95
ESG 147
Especialista 22

F

Facebook 253–282
Ferramentas tecnológicas 201
Ficar calado 66
Foco colaborativo 130
Focos divergentes 82
Fusão 224–282
Fusão e aquisição 157

G

Ganha-ganha 40
Ganhos múltiplos 39
Ganhos mútuos 44, 144
Gaps perceptivos 38
Geração 26
Geração de valor 29
Gerenciamento 22
Gestor criativo 120
Gestor de negócios 120
Gestores 20, 89
Gestor tóxico 184
Google 257–282
Governança colaborativa 62
Governança corporativa 62
Grupo Advent 105
Grupo Restoque 106

H

Habilidades 22
Habilidades de negociação 27
Habilidades inadequadas 28
Herdeiros 76
Home office 200

I

Implementação 33
Incerteza sistêmica 212
Indústrias criativas 118
Instagram 263–282

Intangibilidade 121
Intangível 26
Interesses 172

J

Jack, o estripador 65

L

Lei de Gerson 221
Leilão 65
Líder 23
Liderança 9, 21, 80
Líder tóxico 185
LinkedIn 251–282
Looping 136
Lucratividade 26

M

Marketing e operações 82
Matriz de Negociações
 Complexas 29, 107
Maximização 45
Mediador 212
Metamediações 32
Microsoft 24, 251–282
Mindset 163
Mineradora 110
Minimização 45
Modelos operacionais 25
Multipartite 32
Mutual Gains Approach 29

N

Narcisista 188
Negociação 24
Negociador autoritário 79
Netflix 271–282
Neurociência 10

O

O gentil e o mau 63
Opções 50
Organizações familiares 90
Ouvido seletivo 80

P

Passagem do bastão 115
Pensamento dicotômico 45
Performance 20
Personalização 45
Plano de Resolução de
 Conflitos 110
Poder 61
Poder de barganha 49
Polarização 70, 214
Preço Reserva 34
Presença global 27
Private equity 160, 224–282
Processo de negociação 32, 42, 68
Processo sucessório 84, 95

R

Rapport 194
Reciprocidade 97
Reflexos acusatórios 58
Reflexos posicionais 58
Relacionamento 59
Relações conflituosas 72
Rentabilidade 28
Resiliência 209
Respeito mútuo 123
Resultados 17
Reunião virtual 204
Revanche 71
Revolução digital 26

S

SABMiller 225–282
Salame 66

Scrum 130
Scrum Master 131
SEBRAE 100
Setores de calcário 111
Sócios 82
Soft skills 3, 78
Sprints 131
Stakeholders 46
Streaming 271–282
Sucessor 87
Supergeneralização 45
Sustentabilidade 221
Sustentáveis 26

T

Táticas de negociação 63
Taylor made 23
Tecnopedagogia 5, 18
Tempo 52
Timing 55, 174
Tomada de decisão 144
Transições 85
Treinamento 22

U

Ultimatum 65

V

Valor 17
Valor stand alone
Vantagem competitiva 28
Vantagem futura 64
Visão generalista 129
Visão macro 47
Visão micro 47

W

Walt Disney 270–282
Warburg Pincus 105

Z

ZOPA 36, 240–282

Projetos corporativos e edições personalizadas
dentro da sua estratégia de negócio. Já pensou nisso?

Coordenação de Eventos
Viviane Paiva
viviane@altabooks.com.br

Contato Comercial
vendas.corporativas@altabooks.com.br

A Alta Books tem criado experiências incríveis no meio corporativo. Com a crescente implementação da educação corporativa nas empresas, o livro entra como uma importante fonte de conhecimento. Com atendimento personalizado, conseguimos identificar as principais necessidades, e criar uma seleção de livros que podem ser utilizados de diversas maneiras, como por exemplo, para fortalecer relacionamento com suas equipes/ seus clientes. Você já utilizou o livro para alguma ação estratégica na sua empresa?

Entre em contato com nosso time para entender melhor as possibilidades de personalização e incentivo ao desenvolvimento pessoal e profissional.

PUBLIQUE SEU LIVRO

Publique seu livro com a Alta Books. Para mais informações envie um e-mail para: autoria@altabooks.com.br

/altabooks   /alta-books   /altabooks   /altabooks

CONHEÇA OUTROS LIVROS DA ALTA BOOKS

Todas as imagens são meramente ilustrativas.

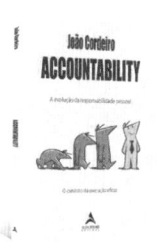